garten- & wildkräuter

SCHÄTZE AUS DER NATUR

REINHARDT HESS

garten- & wildkräuter

SCHÄTZE AUS DER NATUR

REINHARDT HESS
MIT FOTOS VON ALEXANDER WALTER

KOSMOS

GARTEN- & WILDKRÄUTER

DAS IST *wirklich* WICHTIG

DARAUF KOMMT'S AN! **Hier erläutern wir alles, was zum Gelingen des Rezepts wirklich wichtig ist. Wo es sinnvoll ist, mit Bild, sonst auch ohne.**

KOCHEN MIT KRÄUTERN

Würziges Grün wächst überall

KRÄUTER SIND ETWAS WUNDERBARES. SIE DUFTEN, SIE SCHMECKEN UND SIE KÖNNEN JEDES GERICHT VERFEINERN. SIE WACHSEN IN TÖPFEN AUF DER FENSTERBANK, IM GARTEN ODER SOGAR KOSTENLOS IN DER NATUR AM WEGRAND. UND GESUND SIND SIE AUCH NOCH!

Kräuter sind eine Freude für Auge und Nase, und sie wecken Erinnerungen an Urlaubstage, an Spaziergänge über blühende Frühlingswiesen oder andere schöne Ereignisse. Die Kräuteraromen regen die Fantasie an und können einem ganz alltäglichen Gericht eine ganz neue Note verleihen. Dabei ist das Potenzial der Gewürzpflanzen unerschöpflich. Neben Petersilie, Dill und Schnittlauch wachsen heute in den Kräutergarten Gewürztagetes und Duftpelargonien, Orangenminze und Ananassalbei, Currykraut und chinesischer Schnittlauch.

Besonders im Frühjahr macht es Spaß, die zarten Wildkräuter zu sammeln. So wird auch der manchmal bei Kindern nicht so beliebte Spaziergang zu einem kleinen Abenteuer. Und Brennnesseln, Löwenzahn, Bärlauch und Knoblauch-Hederich ergeben nicht nur ein herzhaftes Gemüsegericht oder bereichern eine große Schüssel Salat, sondern stecken auch voller Vitamine und Vitalstoffe, sodass sie ein höchst wirksames Mittel für eine Frühjahrskur sind.

Aber Vorsicht! Nicht alles, was auf Naturwiesen, an Wegrändern oder im Wald wächst, ist auch genießbar. Deshalb sollte ein gutes Bestimmungsbuch bei jedem Spaziergang dabei sein. Und Pflanzen, die nicht eindeutig zuzuordnen sind, lässt man besser stehen. Besonders die noch nicht blühenden Wildkräuter sind manchmal nur schwierig zu erkennen. Um die wilden Kräuter besser kennen und bestimmen zu lernen, kann man sich inzwischen vielerorts sogenannten Kräuterspaziergängen anschließen, auf denen man von kräuterkundigen Menschen vieles lernen kann.

Doch nicht nur frische Kräuter taugen für die Küche. Manche lassen sich auch gut trocknen und entwickeln dann noch mehr Aroma – das gilt für alle Minzearten, Beifuß, Oregano, Quendel, Thymian, Rosmarin und Salbei. In Essig oder Öl, in Salz oder Senf und auch in selbst gemachten Likören bleiben die Aromen der Kräuter längere Zeit erhalten und so bewahren wir uns die Sommerdüfte bis in den Winter hinein. So konservierte Kräuter sind nicht nur ein prima Vorrat für die eigene Küchen, sondern auch beliebte Geschenke im Familien- und Freundeskreis.

VORRÄTE

Für längere Freude am Grün

KRÄUTER RICHTIG TROCKNEN, ALS PESTO IN GLÄSER FÜLLEN ODER BLÜTEN FÜR SÜSSES VERZUCKERN. HIER GIBT ES REZEPTE FÜR WÜRZIGE, SÜSSE UND ALKOHOLISCHE KÖSTLICHKEITEN.

WILDKRÄUTER

Vitaminreiche Urahnen

Was sind eigentlich Wildkräuter? Was nicht der Mensch anbaut, sondern was in der Natur ohne seinen Eingriff wächst, gehört zu den Wildkräutern. Dabei ist diese Abgrenzung gar nicht so präzise, wie man annehmen möchte. Manche der Pflanzen wurden nämlich früher als Gemüse kultiviert, sind dann aber verwildert und heute kaum noch in Gärten anzutreffen.

GEMÜSE-GÄNSEDISTEL, GUTER HEINRICH UND WEGWARTE

Dazu gehört zum Beispiel die Gemüse-Gänsedistel, deren zarte Blätter als Salat oder als Gemüse zubereitet wurden und die heute wild auf Brachflächen wächst. Oder der Gute Heinrich, der einst als „Bergsalat“ in Bauerngärten wuchs. Wer denkt daran, dass die Wegwarte mit ihren hellblauen Blüten nicht nur Salate würzt, sondern auch die Urform von Chicorée, Radicchio und Endiviensalat ist? In Süditalien werden die herben jungen Blättchen noch als „cicoria selvatica“, als Wildzichorie, für Salat und Gemüsegerichte geschätzt.

WEISSE MELDE

Die Weiße Melde, die wild auf steinigen Kahlflächen und an Wegrändern wächst, gehört zu den Gänsefußgewächsen und ist mit dem Spinat verwandt. Sie war lange Zeit bei uns als Sommerspinat sehr beliebt, wurde aber zu Beginn des 19. Jahrhunderts vom Blattspinat verdrängt. Im Rheinland wird sie noch als „Gartenmelde" angebaut.

BRUNNENKRESSE, THYMIAN UND SALBEI

Die Brunnenkresse, die wild in Bächen wächst, wurde bei uns, in England und in Frankreich als Salatpflanze angebaut. Aus dem Feldthymian oder Quendel entstanden die verschiedenen Thymiansorten wie Gartenthymian, Wohlriechender Thymian und Zitronenthymian. Der Wiesensalbei, der auf trockenen, sonnigen Plätzen und als Zierpflanze in Gärtnereien zu finden ist, lässt sich wie der Küchensalbei verwenden, würzt nur etwas weniger intensiv.

DIE GANZ ECHTEN

Echte Wildkräuter sind Brennnesseln, Giersch, Waldmeister, Schafgarbe, der herb-würzige Gundermann (Gundelrebe), der noch bis ins 17. Jahrhundert hinein beim Bierbrauen statt Hopfen verwendet wurde, Sauerampfer, Huflattich und Wiesenschaumkraut – die aber auch einst als Heil- und Salatpflanzen angebaut wurden.

LEICHT ZU BESTIMMENDE WILDKRÄUTER

KRAUT	ORT	JAHRESZEIT
Bärlauch	Laubwald	April bis Anfang Mai
Brennnessel	Laubwald	Frühjahr
Brunnenkresse	Bäche	März bis Mai, Herbst
Gänseblümchen	Wiesen	ganzjährig
Giersch	Waldränder	ganzjährig
Gundermann	Wiesen, Gärten	ganzjährig
Löwenzahn	Wiesen	Frühjahr
Sauerampfer	Feuchtwiesen	Frühjahr
Sauerklee	lichte Wälder	Frühjahr bis Sommer
Waldmeister	Laubwälder	Mai bis Juni

DAS IST *wirklich* WICHTIG

[a] KRÄUTER ERNTEN sollte man möglichst am späteren Vormittag bei schönem Wetter. Dann ist die nächtliche Feuchtigkeit abgetrocknet und die Kräuter haben ein besonders intensives Aroma.

[b] FEUCHTE BASTFÄDEN schrumpfen beim Trocknen etwas, genau wie die Kräuterstängel. Deshalb fallen die Bündel nicht so leicht auseinander. Gummiringe sind auch möglich, aber natürlich nicht zum späteren Mitkochen geeignet.

KRÄUTERSTRÄUSSCHEN
von sechs Kräutern

WENN DIE KRÄUTER INS KRAUT SCHIESSEN, WIRD ES ZEIT, IHRE WÜRZE ÜBER DEN WINTER ZU BEWAHREN. PRAKTISCH: AROMENSTRÄUSSE TROCKNEN.

Zutaten für 10 Sträußchen

- 20 Stängel Oregano
- 10 Stängel blühendes Basilikum
- 10 Zweige Thymian
- 10 kleine Stängel Bohnenkraut
- 5 Stängel Salbei
- 5 Zweige Rosmarin

besonderes Werkzeug

- ungefärbte Naturbastfäden (Pflanzenmarkt)
- Brotzeittüten aus Plastik

Zeitbedarf

- 30 Minuten + 4–7 Tage trocknen

Haltbarkeit

- gut 6 Monate

So geht's

1. Kräuter aus dem eigenen Garten am besten am Vorabend sanft abbrausen, dann können sie bis zum nächsten Vormittag trocknen. Am Erntetag [→ a] die Kräuterzweige mit der Schere etwa 15 cm lang abschneiden und nach Sorten getrennt auf einem weißen Tuch ausbreiten (so sieht man, ob noch Insekten in den Kräutern sitzen). Bis zum nächsten Tag an einem luftig-warmen, aber nicht sonnigen Platz antrocknen lassen.
2. Die Bastfäden mit heißem Wasser übergießen und etwas quellen lassen [→ b]. 2 Stängel Oregano, je 1 Stängel Basilikum, Thymian und Bohnenkraut und je ½ Stängel Salbei und Rosmarin zusammenfassen und mit einem Bastfaden am unteren Ende sehr fest zusammenbinden.
3. Die Kräuterbündel an einem luftigen Ort mit genügend Abstand zueinander aufhängen. Nach 5–6 Tagen sollten sie so trocken sein, dass sie beim Anfassen rascheln. Sonst noch etwas länger hängen lassen. Die ganz durchgetrockneten Sträußchen einzeln in Brotzeittüten packen, verschließen und beschriften. Kühl und trocken aufbewahren.

Die Variante

Provenzalische Kräutersträußchen
Für eine provenzalische Kräutermischung wie beschrieben Oregano, Thymian, Salbei, Basilikum, Rosmarin und Bohnenkraut mit jeweils 1 blühenden Stängel Lavendel binden. Wunderbare Würze für Gemüse-Schmorgerichte, Fleisch, Geflügel und für Fisch vom Grill.

EIN STRÄUSSCHEN in Tomatensaucen, Fleischragouts oder herzhaften italienischen Gemüse-Bohnen-Suppen mitgaren und vorm Servieren herausnehmen. Auch gut zum Aromatisieren von Grillmarinaden.

DAS IST *wirklich* WICHTIG

[a] BASILIKUMBLÄTTER verlieren Aroma, wenn sie gewaschen werden. Also nur mit einem (eventuell leicht angefeuchteten) Tuch oder mit den Fingern leicht abreiben, dann in Stücke zupfen; mit dem Messer geschnittene Blätter schmecken leicht bitter.

[b] DIE ZUTATEN für das Pesto nicht stampfen, sondern in kreisförmigen Bewegungen an der Mörserwand zerreiben. In Ligurien wird dafür traditionell ein schwerer Marmormörser und ein Stößel aus Buchsbaumholz verwendet.

[c] DAS OLIVENÖL wie für eine Mayonnaise erst tropfenweise, dann in dünnem Strahl untermischen, damit die Masse ganz cremig wird. Zum Schluss noch einmal kräftig durchschlagen.

[b]

BASILIKUM-PESTO
auf Genueser Art

DAS REZEPT FÜR DIE WÜRZIGE PASTE AUS BASILIKUM WURDE ZUM EXPORTSCHLAGER LIGURIENS. ABER NUR AUS DEM MÖRSER SCHMECKT ES EINMALIG GUT.

Für 6 Portionen

- 125 g Basilikumblättchen
- 30 g Pinienkerne
- 3–4 Knoblauchzehen
- grobes Meersalz
- 25 g frisch geriebener junger Pecorino
- 25 g frisch geriebener Parmesan
- 100 ml mildes Olivenöl extra nativ (möglichst aus Taggiasca-Oliven)

besonderes Werkzeug
- großer Mörser (möglichst aus Marmor)
- Holzstößel

Zeitbedarf
- 45 Minuten

Haltbarkeit
- ca. 1 Woche

So geht's

1. Die Basilikumblätter nur mit Küchenpapier abreiben [→ a] und in Stücke zerzupfen. Die Pinienkerne in einem Pfännchen ohne Fett rundum goldgelb rösten, dabei öfter wenden. Wenn sie zu bräunen beginnen, sofort aus dem Pfännchen schütten und abkühlen lassen. Den Knoblauch schälen und in Stücke schneiden.
2. Die Basilikumblätter mit 1 guten Prise grobem Salz (das bewahrt die grüne Farbe), den Pinienkernen und dem Knoblauch in den Mörser geben und mit dem Stößel zerreiben, bis eine gleichmäßig breiige Masse entstanden ist [→ b].
3. Dann nach und nach den geriebenen Käse unter den Basilikumbrei mischen. Das Pesto in eine Schüssel umfüllen und unter ständigem Rühren mit einem Löffel langsam das Olivenöl unter die Paste mischen [→ c]. Kräftig rühren, bis die Masse ganz cremig ist. Pesto gleich genießen oder im Kühlschrank aufbewahren.

Die Variante

Bärlauch-Pistou
200 g Bärlauch waschen und trocken schütteln, die Stielenden entfernen und die Blätter klein schneiden. 4 Knoblauchzehen schälen und hacken. Beides mit dem Saft von ½ Zitrone im Mixer zu einem glatten Püree zerkleinern, in eine Schüssel geben und 150 ml Olivenöl extra nativ erst tropfenweise, dann in dünnem Strahl mit dem Schneebesen unterschlagen. Mit Salz und Pfeffer abschmecken. Das Original-Pistou aus der Provence wird mit Basilikum zubereitet und zum Würzen von Gemüseeintöpfen oder Nudeln genommen.

ZU NUDELN ODER SUPPE In Ligurien wird das frisch zubereitete Pesto mit etwas Nudelkochwasser verdünnt und unter bissfest gegarte Nudeln (Trenette oder Spaghetti) gemischt. Oder man gibt es als grünen Klecks auf Gemüsesuppen.

KRÄUTER-SALSA *mit Mango*

DIE FRUCHTIG-SCHARFE SALSA WIRD HIER GEKOCHT, IN DER KARIBIK ABER AUCH AUS ROHEN FRÜCHTEN UND TOMATEN FRISCH ZUBEREITET.

Zutaten für 4 Portionen

- 1 kleine Mango
- 1 rote Zwiebel
- 3 Knoblauchzehen
- 1 frische rote Chilischote
- 3 Stängel Koriandergrün
- 2 Stängel Bohnenkraut
- 2 Stängel Oregano
- 1 Dose stückige Tomaten (400 g)
- 1 Limette
- Salz, Pfeffer aus der Mühle

besonderes Werkzeug
- Pürierstab

Zeitbedarf
- 35 Minuten

Haltbarkeit
- ca. 1 Woche

So geht's

1. Die Mango waschen und schälen. Die Frucht senkrecht auf die Arbeitsfläche stellen, an den flacheren Seiten knapp am Kern entlang links und rechts zwei Hälften abschneiden. Das verbliebene Fruchtfleisch um den Kern mit einem Messer abschneiden. Das Fruchtfleisch klein würfeln. Die Zwiebel und den Knoblauch schälen und fein hacken. Die Chilischote waschen, putzen und ohne Kerne klein würfeln.
2. Die Kräuter waschen und trocken schütteln. Die Blättchen abzupfen, klein hacken und beiseitestellen.
3. Mango, Zwiebel, Knoblauch und Chilischote in einen Topf geben. Die stückigen Tomaten dazugeben und alles bei schwacher bis mittlerer Hitze offen etwa 15 Minuten sanft kochen lassen. Die Limette auspressen. Die Salsa mit dem Pürierstab glatt mixen, mit den Kräutern, dem Limettensaft, Salz und Pfeffer würzen. Abkühlen lassen. Gleich essen oder kühl lagern.

Die karibisch-scharfe Kräuter-Salsa passt gut zu Fisch vom Grill oder aus der Pfanne. Oder mit Tortilla-Chips als pikante Vorspeise reichen.

PESTO ROSSO
mit getrockneten Tomaten

DIE ROTE WÜRZIGE PASTE SCHMECKT NICHT NUR AUF RÖSTBROT, SONDERN VERFEINERT AUCH NUDEL- UND SCHMORSAUCEN.

Zutaten für 4 Portionen

- 75 g getrocknete Tomaten (in Öl)
- 25 g schwarze Oliven (ohne Stein)
- 2 Knoblauchzehen
- 1 EL Pinienkerne
- 1 Stängel Oregano
- 3 EL Olivenöl extra nativ
- Salz
- Chilipulver
- Pfeffer aus der Mühle

besonderes Werkzeug
- Mixer oder Pürierstab

Zeitbedarf
- 25 Minuten

So geht's

1. Die Tomaten mit Küchenpapier trocken tupfen und grob zerschneiden. Die Oliven in Stücke schneiden. Den Knoblauch schälen und grob hacken. Die Pinienkerne in einem Pfännchen ohne Fett rundum rösten, dabei öfter wenden. Wenn sie goldgelb sind, sofort aus dem Pfännchen auf einen Teller schütten. Den Oregano waschen, trocken schütteln und die Blättchen abstreifen. Alle Zutaten in den Mixer geben und zu einem Püree mixen oder mit dem Pürierstab fein zerkleinern.
2. Das Püree in eine Schüssel geben und nach und nach mit dem Olivenöl kräftig verrühren. Das Pesto rosso mit Salz, 1 Prise Chilipulver und Pfeffer pikant abschmecken. Gleich essen oder kühl lagern.

AUF BROT UND ZU NUDELN In der Toskana wird die würzige Paste auf frisch geröstete Ciabattascheiben gestrichen oder zum Würzen von Nudelsaucen verwendet. Wer sie gehaltvoller mag, mischt noch 2 EL frisch geriebenen Parmesan unter.

Die Variante

Rucola-Sauce
1 Bund Rucola (etwa 125 g) verlesen und harte Stängel entfernen. Die Blätter waschen, gut trocken schütteln und in Stücke schneiden. 2 Knoblauchzehen schälen und fein hacken. 50 g Walnusskerne grob zerkleinern. Alles mit 1 Prise Salz im Mörser zu einer nicht ganz glatten Sauce zerreiben. In eine Schüssel geben und nach und nach 75 ml Walnussöl untermischen. Mit 1 TL Weißweinessig, Salz und Pfeffer abschmecken. Die Sauce mit etwas Nudelkochwasser vermischen und sofort unter die nicht zu gründlich abgetropften Nudeln heben. Mit Parmesan bestreut servieren.

WILDKRÄUTER SAMMELN

Auf der Suche nach dem ersten Grün

Wenn die ersten Blättchen im Frühjahr sprießen, kann die Kräutersuche beginnen. Mit Körben, Tüten, Handschuhen und Scheren bewaffnet geht es über die Frühlingswiese. „Die Wildkräuter wachsen nur an den Standorten, die ihnen die Natur zugedacht hat“, sagt die Kräuterfrau und zeigt auf einen steinigen Hang, der gelb übersät ist. „Das sind Huflattichblüten, die bilden sich vor den Blättern. Sie sind etwas in Verruf gekommen, weil sie in geringen Mengen einen leberschädigenden Stoff enthalten, aber ein paar davon sind keinesfalls schädlich.“

FRÜHJAHRSKUR

Was auf der Wiese sprießt, ist Löwenzahn. Kennt jeder. Die Blätter schmecken zartherb, ein bisschen wie Chicorée, und sind zum Entschlacken besonders wirksam. Die Franzosen nennen ihn „pisse en lit“, mach ins Bett. Klein geschnitten werden die Blätter später mit einem milderen Salat gemischt. Die kleinen Blütenknospen können kurz gebraten oder wie Rosenkohl zubereitet werden, auch die Blüten und die Wurzeln sind zu gebrauchen, zum Beispiel für einen verdauungsfördernden Likör. „Aber nur von ungedüngten Wiesen und fern von befahrenen Straßen sammeln. Das gilt für alle Wildkräuter“, sagt die Expertin.

HILFE, ES BRENNT!

Am Waldrand angekommen heißt es Handschuhe anziehen. Hier sollen Brennnesseln gesammelt werden. „Am besten die zarten Spitzen mit der Schere abschneiden, sonst reißt man die Wurzeln mit aus. Und nur so viel sammeln, wie auch verwendet wird – aus Respekt vor der Natur“, rät die Naturfreundin. Die Blättchen enthalten viel Vitamin C, entschlacken und regen den Stoffwechsel an. Überbrüht sind sie wie Spinat zu verwenden und schmecken auch ähnlich. Übrigens sind die Samen, die man ab Mitte August sammeln kann, eine leckere Zutat für Müsli oder Gebäck.

ES DUFTET NACH KNOBLAUCH

Der Geruch ist unverkennbar. Und schon ist im lichten Laubwald ein ganzer Rasen der länglich-spitzen Bärlauchblätter zu sehen. „Beim Sammeln darauf achten, dass es wirklich Bärlauch ist. Die giftigen Maiglöckchen und Herbstzeitlosen haben ähnliche Blätter, riechen aber nicht nach Knoblauch. Beim Sammeln nicht auf die Pflanzen treten – wir wollen doch nächstes Jahr wieder welche hier finden.“ Am Waldrand ist noch ein Knofeldufter zu finden: der Knoblauch-Hederich, dessen herzförmige Blätter bis in den Sommer hinein Salate bereichern.

DIE LABKRÄUTER

Ebenfalls in lichten Wäldern wächst der quirlig beblätterte Waldmeister. Sein Duft nach Vanille und Zimt entwickelt sich aber erst, wenn die Blätter welken. So würzt er Bowlen und Saucen. Er gehört zur Familie der Labkräuter wie das Echte Labkraut, das Wiesen- und das Klettenlabkraut, die alle als feine Wildgemüse zu verwenden sind.

GETROCKNETE TOMATEN *in Kräuteröl*

GETROCKNETE EINGELEGTE TOMATEN GIBT ES AUCH FERTIG ZU KAUFEN, ABER DIE SCHMECKEN LÄNGST NICHT SO GUT WIE DIE SELBST GEMACHTEN MIT OLIVENÖL.

Zutaten für 2 Gläser

- 150 g getrocknete Tomaten
- 7 EL milder Weißweinessig
- 2 Stängel Basilikum
- 2 Stängel Oregano
- 2 Stängel Petersilie
- 5 Knoblauchzehen
- 1 getrocknete rote Chilischote
- ca. 300 ml Olivenöl extra nativ
- evtl. etwas Salz

besonderes Werkzeug

- 2 Schraubdeckelgläser (à 300 ml)

Zeitbedarf

- 30 Minuten + 2 Stunden 30 Minuten ruhen

Haltbarkeit

- ca. 2 Monate

So geht's

1. Die getrockneten Tomaten in einem Sieb kurz mit Wasser überbrausen und in eine Schüssel geben. Gut 1 l Wasser mit dem Essig aufkochen und heiß über die Tomaten gießen. Die Tomaten etwa 15 Minuten im Essigwasser ziehen lassen **[→ a]**.
2. Die aufgeweichten Tomaten in das Sieb abgießen und abtropfen lassen. Die Tomaten auf einer doppelten Lage Küchenpapier ausbreiten und in 1 – 2 Stunden wieder antrocknen lassen.
3. Die Kräuter eventuell waschen, trocken schütteln, die Blättchen abzupfen und ebenfalls auf Küchenpapier ausbreiten, trocknen lassen **[→ b]**. Den Knoblauch schälen und in feine Scheiben schneiden. Die Chilischote zerbröseln, beides mit etwas Olivenöl vermischen und leicht erhitzen, bis der Knoblauch im Öl zu brodeln beginnt. Wieder abkühlen lassen.
4. Ein Stück Tomate probieren, ob es salzig genug ist **[→ c]**. Jeweils eine Lage Tomaten in die Gläser schichten, mit ein paar Tropfen Knoblauch-Chili-Öl beträufeln, einige Kräuterblättchen darüberstreuen und bei Bedarf etwas salzen. So fortfahren, bis alle Zutaten aufgebraucht sind.
5. Die Tomaten mit einem Löffel leicht andrücken und so viel Olivenöl aufgießen, bis alles gut bedeckt ist. Die Gläser verschließen. Am nächsten Tag eventuell noch etwas Olivenöl dazugeben, damit die Tomaten wieder bedeckt sind. Die eingelegten Tomaten kühl und dunkel aufbewahren. Immer mit Olivenöl bedecken.

SO SCHMECKT'S Die Tomaten abgetropft so naschen oder auf geröstetem Ciabattabrot als Vorspeise servieren. Oder 1 – 2 Tomaten klein hacken und Tomatensaucen damit pikant würzen.

DAS IST *wirklich* WICHTIG

[a] DIE TOMATEN sollen im Essigwasser weich werden und beim Quellen Salz verlieren. Je nach Trocknungsgrad und Alter können sie schon in knapp 10 Minuten genug gezogen haben; manche Exemplare benötigen 30 Minuten und mehr. Am besten ein Stück mit den Fingern zusammendrücken: wenn es weich nachgibt, sind die Tomaten lange genug gequollen.

[b] DIE KRÄUTER müssen trocken sein, sonst könnten die eingelegten Tomaten leicht schimmeln. Deshalb am besten nicht waschen, sondern die Blättchen mit Küchenpapier trocken reiben.

[c] VORM EINSCHICHTEN ein Stückchen Tomate probieren – wenn es nicht salzig genug schmeckt, jede Lage noch mit einer kleinen Prise Salz bestreuen.

KRÄUTERÖL
sommerlich-würzig

DIE FEINE WÜRZE UND DIE ÄTHERISCHEN ÖLE DER KRÄUTER LASSEN SICH AM BESTEN IN EINEM GUTEN ÖL KONSERVIEREN.

Zutaten für 1 l Öl

- 3 Stängel getrockneter Oregano
- 3 Zweige getrockneter Thymian
- 2 Zweige getrockneter Rosmarin
- 2 getrocknete Chilischoten
- 2 Lorbeerblätter
- 1 TL schwarze Pfefferkörner
- 1 l Olivenöl extra nativ

Zeitbedarf

- 10 Minuten + 3 Wochen ruhen

Haltbarkeit

- ca. 6 Monate

So geht's

1. Eine saubere, trockene Flasche mit weiter Öffnung mit den getrockneten Kräutern, Chilis und Lorbeerblättern füllen. Die Pfefferkörner etwas zerdrücken und ebenfalls in die Flasche geben. Mit dem Olivenöl so auffüllen, dass die Kräuter gut bedeckt sind. Die Flasche luftdicht verschließen. Die Mischung an einem gut warmen, dunklen Platz etwa 3 Wochen ruhen lassen, dabei ab und zu vorsichtig schwenken.
2. Das Öl in kleine Flaschen umfüllen, beschriften und nun kühl (aber nicht im Kühlschrank) und dunkel aufbewahren. Innerhalb von 6 Monaten verbrauchen.

Das feine Kräuteröl passt zu sommerlichen Salaten, Schmorgemüse, zum Marinieren und Würzen von Fisch und Fleisch – zum Schluss als Würze zugeben.

GETROCKNETE KRÄUTER VERWENDEN

Für das Kräuteröl am besten selbst getrocknete Kräuter nehmen. Keinesfalls frische verwenden – sie fangen schnell an zu schimmeln.

ESTRAGON-SENF

typisch französisch

SENF SELBST ZU MACHEN IST GANZ EINFACH, ER BRAUCHT NUR ETWAS RUHE, BIS ER SEIN AROMA ENTFALTET.

Zutaten für 250 g Senf

- 1 Stängel französischer Estragon
- 100 ml Weißweinessig
- 100 g gelbes Senfmehl (Reformhaus, Apotheke)
- 2 TL Salz
- ½ TL gemahlene Kurkuma
- 100 ml milder Weißwein

besonderes Werkzeug

- Pürierstab
- Glas mit Schraubdeckel

Zeitbedarf

- 20 Minuten + 3 Wochen ruhen

Haltbarkeit

- ca. 6 Monate

So geht's

1. Den Estragon waschen und trocken schütteln. Die Blättchen abzupfen, fein schneiden und zum Essig geben. Das Senfmehl in eine Schüssel geben und mit Salz und Kurkuma vermischen. Den Estragonessig und den Weißwein unterrühren und alle Zutaten mit einem Pürierstab glatt mixen. Abgedeckt über Nacht quellen lassen.
2. Am nächsten Tag die Mischung noch einmal pürieren. Falls der Senf zu fest ist, noch etwas Weißwein oder Wasser dazugeben. Den Senf in ein Glas füllen, dieses verschließen und beschriften. Bei Zimmertemperatur 2–3 Wochen ruhen lassen, bis der Senf angenehm mild und rund schmeckt.

Die Variante

Bärlauchsenf
1 Handvoll Bärlauch verlesen, waschen und trocken schütteln. Die dicken Stielenden abknipsen, die Blätter fein schneiden und in eine Schüssel geben. Mit 90 g gelbem Senfmehl und 10 g grünem Senfmehl vermischen. 100 ml Apfelessig und 100 ml Apfelsaft mit dem Pürierstab untermixen. 1 walnussgroßes Stück frischen Ingwer schälen, fein reiben und dazugeben.

DAZU SCHMECKT'S **Der Estragon-Senf schmeckt zu herzhaften Würsten, Kasseler, gekochtem Rindfleisch und in Salatsaucen; er würzt helle Saucen zu Fisch und Geflügel. Außerdem fein zum Marinieren von Grillfleisch (Steaks und Spareribs).**

GEMÜSE-KRÄUTER-FOND
auf asiatische Art

DIE WÜRZIGE, LEICHT GEBUNDENE BRÜHE WIRD IN ASIATISCHEN KÜCHEN GERNE ZUM AUFGIESSEN VON WOKGERICHTEN VERWENDET.

Zutaten für 1 l Fond

- 4 getrocknete Shiitake-Pilze
- 2 Möhren
- 1 vorwiegend festkochende Kartoffel
- 3 Stangen Staudensellerie
- 2 Frühlingszwiebeln
- 2 Knoblauchzehen
- 1 Stück frischer Ingwer (ca. 2 cm)
- 1 Stängel Zitronengras
- 1 TL schwarze Pfefferkörner
- 2 Gewürznelken
- 1 Handvoll Koriandergrün mit Wurzel
- 3 Stängel Thai-Basilikum
- 3 Stängel Minze
- 1 Handvoll Malvenblätter (ersatzweise Beinwellblätter)

besonderes Werkzeug
- Leinentuch
- Schraubdeckelgläser oder Tiefkühlschüsseln bzw. -beutel

Zeitbedarf
- 30 Minuten + 2 Stunden 30 Minuten garen

So geht's

1. Die Shiitake-Pilze abspülen und in einen großen Topf geben. Mit gut 300 ml lauwarmem Wasser übergießen und etwa 15 Minuten einweichen.
2. Das Gemüse waschen und putzen, die Kartoffel schälen. Das Gemüse in kleine Stücke schneiden. Knoblauch und Ingwer schälen und kleinschneiden. Den Zitronengrasstängel waschen und mit einem schweren Gerät weich klopfen [→ a]. Das Gemüse, Knoblauch, Ingwer, Zitronengras, Pfefferkörner und Gewürznelken zu den Pilzen geben. Gut 1 l Wasser aufgießen und alles bei mittlerer Hitze langsam aufkochen. Bei schwacher Hitze halb zugedeckt 2 Stunden sanft sieden lassen.
3. Die Kräuter waschen, die Korianderwurzeln sauber schaben [→ b]. Alle Kräuter mitsamt den Stielen grob zerschneiden und in den Fond geben. Weitere 30 Minuten bei schwacher Hitze ziehen lassen. Ein Sieb mit dem Leinentuch auslegen und den Fond durchgießen. Portionsweise in Gläser füllen und im Kühlschrank höchstens 1 Woche aufheben. Oder in Schüsseln oder Beuteln einfrieren.

BASIS FÜR SUPPEN **Dieser feine Fond ist eine gute Basis für asiatische Suppen – mit Nudeln und Tofuwürfelchen oder mit Garnelen und Ananas (mit etwas frisch geriebenem Ingwer abschmecken).**

DAS IST *wirklich* WICHTIG

[a] ZITRONENGRASSTÄNGEL sind hart und zäh. Damit sie beim Kochen ihr Aroma abgeben, müssen sie vorher mit einem Fleischklopfer oder mit dem Rücken eines schweren Messers kräftig weich geklopft werden.

[b] KORIANDERWURZELN werden in Asien wie die Blätter als Würze verwendet. Gründlich waschen und am besten mit einem Messerrücken oder dem Daumennagel säubern.

WIESENKRÄUTERBITTER *von neun Kräutern*

DIE MEISTEN KRÄUTER FÜR DIESEN HERBEN LIKÖR GIBT ES SCHON ANFANG MAI, NUR DAS JOHANNISKRAUT BLÜHT ERST VON JUNI BIS AUGUST.

Zutaten für ca. 750 ml

- 3 Löwenzahnpflanzen mit Wurzeln und Blüten (ca. 150 g)
- 1 Handvoll frische Quendelzweige (Feldthymian)
- 3 Stängel Schafgarbe
- 3 Stängel Giersch
- 2 Stängel Wiesenschaumkraut
- 2 Stängel Gundermann (Gundelrebe)
- 2 Stängel Wegwarte (Zichorie)
- 5 Rotkleeblüten
- 675 ml Doppelkorn (40 %)
- 4 Stängel Johanniskraut mit Blüten
- 100 g Akazienhonig
- 135 ml milder Weißwein

besonderes Werkzeug
- weithalsige Flasche (ca. 1 l)
- Kaffeefilter

Zeitbedarf
- 1 Stunde + 6 Monate ruhen

Haltbarkeit
- 2–3 Jahre

So geht's

1. Von den Löwenzahnpflanzen die Blüten abschneiden, möglichst nur kräftig ausschütteln, um das Ungeziefer zu entfernen. Die Blätter ohne die Stängel abschneiden, gut waschen und auf Küchenpapier etwas antrocknen lassen. Die Löwenzahnwurzeln ebenfalls gut waschen und die braune Haut abschaben [→ a]. Die Wurzeln mit Küchenpapier trocken tupfen, alles klein schneiden und in die Flasche geben.
2. Die übrigen Kräuter und die Rotkleeblüten ebenso vorbereiten, trocknen und in die Flasche füllen. Alles mit etwa 550 ml Doppelkorn aufgießen und die Flasche verschließen. Diesen Ansatz dunkel und warm bis zur Johanniskrautblüte ziehen lassen, dabei ab und zu die Flasche schütteln.
3. Zuletzt das Johanniskraut mit Blüten waschen, trocknen und zerschneiden, zum Ansatz geben und das Ganze noch 1–2 Monate unter gelegentlichem Schütteln ruhen lassen.
4. Nach der Ruhezeit den Extrakt durch einen Kaffeefilter in eine saubere Flasche seihen. Die Kräuter in der Ansatzflasche mit den restlichen 125 ml Doppelkorn übergießen, schütteln und zum Extrakt filtern. Den Honig im Weißwein auflösen und zum Extrakt geben. Das Ganze weitere 2 Monate, nun aber an einem kühlen Platz ruhen lassen.
5. Nach dieser Ruhezeit nochmals durch einen Kaffeefilter in eine saubere Flasche seihen [→ b], diese verschließen und kühl und dunkel lagern.

Nach alter Klostertradition trinkt man nach dem Essen ein kleines Gläschen Kräuterlikör als „Magenbitter" zur Verdauung.

DAS IST *wirklich* WICHTIG

[a] LÖWENZAHNMILCH macht die Finger braun, deshalb am besten Gummihandschuhe anziehen. Die braune Haut der Wurzeln lässt sich mit den Fingern oder mit einem kleinen Messer leicht entfernen.

[b] DAS ZWEITE FILTERN ist notwendig, weil sich beim Lagern manche Inhaltsstoffe zu Flocken zusammenballen, sodass der Kräuterbitter ohne zweite Filterung beim Ausgießen trüb wäre.

VEILCHENBLÜTENGELEE
Frühling im Glas

IM GELEE GEHT ZWAR DAS ZARTE VEILCHENAROMA VERLOREN – DAFÜR SIEHT ES MIT SEINER VIOLETTEN FARBE UND DEN BLÜTEN SEHR DEKORATIV AUS.

Zutaten für 3 Gläser

- 6 Tassen frische Veilchenblüten (ca. 60 g)
- 3 EL Zucker
- 1 ½ EL Zitronensaft
- 525 g Gelierzucker 1:1

besonderes Werkzeug

- Mörser mit Stößel
- 3 Einmachgläser (à 175 ml)

Zeitbedarf

- 30 Minuten + 3 Stunden ruhen

Haltbarkeit

- ca. 1 Jahr

So geht's

1. Die Veilchenblüten verlesen, möglichst nicht waschen. Etwa 3 EL schöne Blüten beiseitelegen. Die übrigen Blüten portionsweise mit etwas Zucker im Mörser zerstampfen **[→ a]** und in eine Schüssel geben. 450 ml Wasser aufkochen und über die zerstampften Blüten gießen. Den Zitronensaft sofort unterrühren **[→ b]**. Die Schüssel abdecken und die Veilchenblüten etwa 3 Stunden ziehen lassen.
2. Die Einmachgläser und die Deckel sehr heiß ausspülen und umgedreht auf einem sauberen Tuch abtropfen lassen. Dann die beiseitegelegten Veilchenblüten auf die Gläser verteilen. Den Veilchenblütensud durch ein feines Sieb seihen. Die Menge abmessen (es sollten etwa 450 ml sein) und in einen Topf gießen. Den Gelierzucker einrühren. Die Mischung bei starker Hitze aufkochen und unter ständigem Rühren etwa 4 Minuten sprudelnd kochen lassen **[→ c]**. Sofort in die vorbereiteten Gläser füllen und diese verschließen.
3. Das Gelee etwas abkühlen lassen. Sobald es dickflüssiger wird, die Gläser auf den Kopf stellen, damit sich die Blüten gleichmäßig im Gelee verteilen **[→ d]**. Wenn die Gläser vollständig abgekühlt sind, beschriften und kühl und dunkel aufbewahren.

Das Gelee schmeckt auf Butterbrot und süßen Pfannkuchen.

DAS IST *wirklich* WICHTIG

[a] DIE BLÜTEN im Mörser mit etwas Zucker zerstampfen.

[b] ZITRONENSAFT gleich zu den Blüten geben, er erhält die leuchtend rot-violette Farbe. Sonst hat der Ansatz eine eher blaue Farbe.

[c] DIE MISCHUNG muss sprudelnd kochen, damit sie geliert.

[d] DIE GANZEN VEILCHENBLÜTEN geben dem Gelee das dekorative Aussehen. Damit sie sich gleichmäßig verteilen, das dicklich werdende Gelee auf den Kopf stellen, damit die Blüten aufsteigen. Eventuell wieder umdrehen, bis das Gelee ganz fest ist.

KANDIERTE VEILCHENBLÜTEN
für Kuchen und Dessert

DIE GEZUCKERTEN BLÜTEN DES VEILCHENS SEHEN SEHR DEKORATIV AUS. NEBENBEI ERHÄLT MAN EINEN FEINEN VEILCHENZUCKER.

Zutaten für 250 g

- 2 Tassen frische Veilchenblüten (ca. 25 g)
- 4 Tassen weißer Zucker (ca. 600 g)

Zeitbedarf
- 20 Minuten + 3 Tage ruhen

Haltbarkeit
- ca. 6 Monate

So geht's

1. Die frisch gepflückten Veilchenblüten **[→ a]** verlesen und die Stielansätze vorsichtig mit einer Schere abschneiden. Die Veilchen nicht waschen!
2. In eine kleine Schüssel etwa ½ cm hoch Zucker streuen. Eine Lage Blüten mit der Pinzette nebeneinander in dekorativer Form darauf verteilen, die Blütenblätter sollen sich nicht überlappen. Vorsichtig mit Zucker bestreuen, bis die Blüten ganz davon bedeckt sind **[→ b]**. Wieder eine Lage Blüten auflegen und mit Zucker bedecken. So lange fortfahren, bis die ganzen Blüten eingeschichtet sind.
3. Die Schüssel offen an einem warmen Platz 2–3 Tage ungestört ruhen lassen, bis die Blüten ganz getrocknet und von einer Zuckerschicht überzogen sind. Durch die Feuchtigkeit in den Blüten löst sich der Zucker etwas auf, sodass sie krustig kandieren.
4. Die verzuckerten Blüten vorsichtig mit einer Gabel aus dem Zucker heben, den überschüssigen Zucker dabei abschütteln. Eine Blüte probeweise zerdrücken **[→ c]**. Wenn die Blüten noch nicht ganz durchgetrocknet sind, auf einem Küchenpapier bis zum nächsten Tag nachtrocknen lassen.
5. Die Veilchen in einer Blechdose oder einer Pralinenschachtel aufheben. Den Zucker mit Veilchenblütenaroma in einem fest schließenden Glas kühl und dunkel aufbewahren. Zum Süßen von Desserts oder Getränken verwenden.

ALLE ESSBAREN BLÜTEN wie Hornveilchen, Rosen, Löwenzahn, Huflattich oder Gänseblümchen lassen sich auf diese Weise kandieren. Bei fleischigeren Blüten die gefüllte Schüssel am besten in den Backofen stellen und bei 70 °C gut 5 Stunden trocknen, anschließend im Ofen abkühlen lassen.

[b]

DAS IST *wirklich* WICHTIG

[a] VEILCHENBLÜTEN am besten bei sonnigem Wetter am späten Vormittag sammeln, dann haben sie besonders viel Aroma. Und natürlich nur an Stellen, wo sie nicht verschmutzt wurden.

[b] DIE BLÜTEN müssen ganz behutsam mit Zucker bedeckt werden, damit sie ihre ursprüngliche Form behalten. Lieber etwas zu viel als zu wenig Zucker nehmen.

[c] GANZ TROCKEN sind die Veilchenblüten, wenn eine zur Probe zerdrückte Blüte völlig zerbröselt und auch der Blütenansatz nicht mehr weich ist.

RASCH FERTIG

Wenn's einfach gut sein soll

AUCH WENIG AUFWENDIGE GERICHTE SCHMECKEN MIT FRISCHEN KRÄUTERN ÜBERRASCHEND NEU. OB KALT ODER WARM – HIER SIND VIELE GUTE IDEEN FÜR JEDEN TAG.

DIE BITTEREN KRÄUTER

herb, aber gesund

DEN GESCHMACK „BITTER" LEHNEN DIE MEISTEN ERST EINMAL ENTSETZT AB. SCHON KLEINKINDER MÖGEN IHN NICHT, DIE ABNEIGUNG IST GENETISCH BEDINGT. ERST MIT DER GEWÖHNUNG WIRD DIESE NOTE AKZEPTIERT UND SOGAR GESCHÄTZT.

Der Volksmund sagt: „Eine Arznei muss bitter schmecken, sonst nützt sie nicht." Das trifft vor allem auf die Behandlung von Beschwerden des Magens, der Galle und des Darms zu. Bei Appetitlosigkeit, Verdauungsproblemen wie Blähungen oder Darmkrämpfen sind die Bitterkräuter höchst wirksam. Sogar bei Erkältungen und grippalen Infekten nutzen sie, denn sie mobilisieren die körpereigenen Abwehrkräfte und helfen gegen Stress und Erschöpfung.

BITTERKRÄUTER IN DER KÜCHE

Auch in der Küche haben bittere Zutaten eine wichtige Funktion. Sie regen nicht nur den Appetit an, sondern verstärken und verbessern erstaunlicherweise den Geschmack vieler Gerichte, vor allem Speisen mit grünem Gemüse, dem die ursprüngliche herbe Note weggezüchtet wurde.

WERMUT UND BEIFUSS

Unsere bekanntesten Bitterkräuter sind Wermut und Beifuß. Wermut, auch Bitterer Beifuß genannt, gibt nicht nur italienischem Würzwein, sondern auch dem legendären Absinth die herbe Note. Wegen seines Thujongehaltes (gilt als Nervengift) war dieser lange verboten, heute ist sein Thujongehalt so gering, dass

keine Schädigung zu befürchten ist. Höchstens vom Alkoholgehalt. In der Küche wird frisches Wermutkraut zum Würzen von fettreichen Gerichten verwendet, und die Tasse Wermuttee nach dem Essen hilft gegen Verdauungsbeschwerden und eine unruhige Galle. Wichtig: den Tee nicht süßen, der bittere Geschmack kann nicht durch Zucker überdeckt werden, sondern der Zucker würde die Wirkung behindern.

Beifuß ist der mildere Bruder des Wermuts, er wächst massenhaft auf steinigen Wildwiesen und Schuttplätzen. Verwendet werden die oberen Triebe mit den noch nicht aufgeblühten Blütenrispen, die sich von Juli bis August bilden. Er würzt vor allem fettreiche Gerichte wie Gänsebraten. Als Kräutertee hat er eine ähnliche Wirkung wie Wermut.

LÖWENZAHN

Einer wird selten auf Anhieb den Bitterkräutern zugerechnet: der Löwenzahn. Dabei wächst er überall und ist vielseitig zu verwenden: die fast das ganze Jahr sprießenden Blätter für Salate, die ungeöffneten Blütenknospen als Gemüse, die gelben Blüten ohne Kelchblätter als Dekoration und die Wurzeln für Kräuterbitter-Liköre. Auch die Schafgarbe mit ihren kleinen gefiederten Blättchen und weißen Blüten und das Wiesenschaumkraut mit blassrosa Blüten passen mit ihrem bittergrünen Geschmack in kleinen Mengen gut zu Salaten, Suppen und Eintöpfen sowie zu Kräuterquark, regen den Appetit an und machen Gerichte leichter verdaulich.

Auch größere Löwenzahnblätter eignen sich noch als Salatzutat: die unteren rötlichen Stängelteile entfernen, sie sind besonders herb. Dann die Blätter etwa 15 Minuten in warmes Wasser legen. So schmecken sie nicht mehr so bitter.

EHRENPREIS

Neben dem Echten Ehrenpreis (*Veronica officinalis*), der in der Volksmedizin als Heiltee gegen Brust- und Lungenleiden geschätzt wird, ist der Bach-Ehrenpreis (*Veronica beccabunga*) ein würzig-herbes Frühlingsgemüse oder -salat mit hohem Vitamin-C-Gehalt.

DIE HERBWÜRZIGEN

Zu den Herbwürzigen gehören auch die bekannten Küchenkräuter Salbei, frischer Lorbeer, russischer Estragon und Quendel (Feldthymian), die ein intensives, aromatisch-harziges und leicht bitteres Aroma mitbringen.

WILDKRÄUTERSALAT *mit Senfsauce*

DIE WÜRZIGE WILDKRÄUTERMISCHUNG WIRD MIT ROMANASALAT UND TOMATEN MILDER. EINE SENFSAUCE ERGÄNZT DIE BUNTE MISCHUNG.

Zutaten für 4 Portionen

- 1 kleiner Romanasalat (ca. 200 g)
- 2 Handvoll Scharbockskraut
- 8 Stängel Giersch
- 8 Sauerampferblätter
- 15 Huflattichblüten (ersatzweise Gänseblümchen)
- 2 reife Tomaten
- 2 TL mittelscharfer Senf
- 3 EL Weißweinessig
- Salz, Pfeffer aus der Mühle
- 3 EL kalt gepresstes Rapsöl
- 3 EL Olivenöl nativ extra

Zeitbedarf

- 30 Minuten

So geht's

1. Die Blätter vom Romanasalat ablösen und den Strunk entfernen. Das Scharbockskraut verlesen, die Stängel entfernen. Vom Giersch die Blätter abschneiden, die Stiele wegwerfen. Von den Sauerampferblättern die Stielenden wegschneiden [→ a]. Die Wildkräuter in stehendem, lauwarmem Wasser waschen, in einem Sieb gut abtropfen lassen oder in der Salatschleuder vorsichtig trocknen.
2. Die Huflattichblüten [→ b] kräftig ausschütteln, um eventuell in den Blüten sitzende Insekten zu entfernen. Die Tomaten waschen und ohne die Stielansätze klein würfeln.
3. Für die Salatsauce den Senf mit Essig, Salz und Pfeffer verrühren. Mit dem Schneebesen Rapsöl und Olivenöl kräftig unterquirlen, bis eine cremige Salatsauce entstanden ist.
4. Den Romanasalat und die Wildkräuterblätter in Streifen schneiden, vorsichtig mit den Tomatenwürfeln und der Salatsauce vermischen [→ c] und auf Teller verteilen. Mit den Huflattichblüten bestreuen und servieren.

SO SCHMECKT'S AUCH Statt dem würzigen Scharbockskraut eignen sich auch andere herb-bittere Kräuter wie Spitzwegerich, Gundelrebe oder Schafgarbe für den Salat. Milder schmeckt er mit Portulakblättchen. Wer mehr für die blutreinigende Frühjahrskur tun möchte, gibt zusätzlich Löwenzahn- und Erdrauchblätter dazu.

DAS IST *wirklich* WICHTIG

[a] VON WILDKRÄUTERN die Stiele und Stängel, eventuell sogar die harten Blattrippen entfernen, sie sind besonders herb und faserig.

[b] DIE HUFLATTICHBLÜTEN sammeln, bevor sie vollständig aufgeblüht sind. Auf dem Nachhauseweg öffnen sie sich noch weiter und sehen dann nicht mehr so schön aus.

[c] DEN SALAT vorsichtig vermischen, am besten mit sauberen Händen, damit die zarten Blätter nicht zerdrückt werden.

RETTICHSALAT
auf asiatische Art

APPETITANREGEND-PIKANT MIT ZARTEM KNOBLAUCHAROMA PASST DER SALAT GUT ZU WOKGERICHTEN.

Zutaten für 4 Portionen

- 1 weißer Rettich (ca. 600 g)
- Salz
- 10 Stängel Schnittknoblauch (chinesischer Schnittlauch)
- einige Sichuanpfefferkörner
- ½ TL Chiliflocken
- 2 EL Weißweinessig
- 1 EL Sesam-Würzöl

Zeitbedarf
- 30 Minuten

So geht's

1. Den Rettich waschen, schälen und auf einer groben Gemüsereibe in eine Schüssel raspeln. Die Raspel gut mit Salz vermischen und in ein Sieb geben. Das Sieb über die Schüssel oder das Spülbecken hängen und die Raspel etwa 10 Minuten abtropfen lassen.
2. Inzwischen den chinesischen Schnittlauch waschen, trocken schütteln und sehr schräg fein schneiden. Den Sichuanpfeffer in einer kleinen Pfanne ohne Fett leicht anrösten, bis er anfängt aromatisch zu duften. Herausnehmen und im Mörser zerstoßen. Die abgetropften Rettichraspeln mit dem Schnittlauch, dem Pfeffer, den Chiliflocken, dem Essig und dem Sesam-Würzöl vermischen. Auf Salatschüsseln verteilen und servieren.

DER RETTICHSALAT PASST als Vorspeisen- oder Beilagensalat zu asiatischen Gerichten aus dem Wok. Das Sesam-Würzöl wird aus gerösteten Sesamsamen gewonnen und schmeckt – im Gegensatz zu dem Öl aus ungerösteten Samen – sehr intensiv und würzig. Wer keinen Sichuanpfeffer hat, kann auch weißen Pfeffer aus der Mühle nehmen.

PAPRIKASALAT *mit Minze*

DER SOMMERLICH-BUNTE SALAT SCHMECKT IMMER UND PASST AUCH GUT AUF EIN PARTYBUFFET.

Zutaten für 4 Portionen

- je 1 rote, gelbe und grüne Paprikaschote
- 1 milde weiße Zwiebel
- 1 Knoblauchzehe
- 2 Stängel Minze
- Salz aus der Mühle
- Pfeffer aus der Mühle
- 2 EL Weißweinessig
- 4 EL Olivenöl extra nativ

Zeitbedarf

- 30 Minuten + 1 Stunde ruhen

So geht's

1. Die Paprikaschoten waschen, putzen und in ganz kleine Würfel schneiden. Die Zwiebel schälen und ebenfalls in kleine Würfel schneiden. Den Knoblauch schälen und in eine Salatschüssel pressen. Die Paprika- und die Zwiebelwürfel dazugeben.
2. Die Minze waschen und trocken schütteln, die Blättchen abzupfen und in feine Streifen schneiden. Mit Salz, Pfeffer, dem Essig und dem Olivenöl unter den Salat mischen. Den Paprikasalat abgedeckt etwa 1 Stunde ziehen lassen.

Die Variante

Sommersalat aus Malaga
2 große rote Paprikaschoten waschen, putzen und ganz klein würfeln, ebenso ½ geschälte Gurke, 2 weiße Zwiebeln und 250 g reife Tomaten. Für die Salatsauce 3 EL Rotweinessig mit Salz, Pfeffer und 4 EL Olivenöl verquirlen, 2 Knoblauchzehen dazupressen und 2 EL gehackte Petersilie unterrühren. Gemüsewürfel mit der Salatsauce mischen und mindestens 30 Minuten im Kühlschrank marinieren.

KRÄUTER-KÄSE-TÜRMCHEN
mit Mandelöl-Dressing

FÜR DIE ORIGINELLE VORSPEISE BRAUCHT MAN NUR VERSCHIEDENE WILDKRÄUTER UND SCHNITTFESTEN KÄSE. GEHT SCHNELL UND SIEHT GUT AUS.

Zutaten für 4 Portionen

- 200 g frische Wildkräuter (milde wie Gänseblümchenblätter, Pimpinelle und Portulak, würzige wie Löwenzahn, Bärlauch, etwas Giersch)
- 1 Handvoll Blüten (Gänseblümchen, Stiefmütterchen, Borretsch, Taubnesseln)
- 4 EL Zitronensaft
- 1 TL scharfer Senf
- 1 TL flüssiger Honig
- Salz, Pfeffer aus der Mühle
- 4 EL kalt gepresstes Mandelöl (ersatzweise Rapsöl)
- 200 g fester Schnittkäse (Ziegenkäse oder alter Gouda)

Zeitbedarf

- 25 Minuten

So geht's

1. Die Wildkräuter verlesen und die Stiele entfernen. Die Blätter in lauwarmem Wasser kurz, aber gründlich waschen. In einem Sieb gut abtropfen lassen oder in der Salatschleuder trocken schleudern **[→ a]**. Die Blätter in etwa 1 cm breite Streifen schneiden.
2. Die Blüten möglichst nicht waschen, sondern nur gut ausschütteln, um Staub und Ungeziefer zu entfernen.
3. Für die Salatsauce den Zitronensaft mit Senf und Honig in eine große Schüssel geben, salzen und pfeffern und mit dem Schneebesen glatt verrühren. Nach und nach das Mandelöl unterquirlen, bis die Sauce ganz cremig ist **[→ b]**. Die Wildkräuterblätter vorsichtig unter die Salatsauce heben und alles locker vermischen.
4. Den Käse mit einem Käsehobel oder Gemüsehobel in hauchdünne Scheiben hobeln. Auf vier Vorspeisenteller je 1 Scheibe Käse legen, etwas Kräutersalat darauf verteilen. Wieder eine Käsescheibe auflegen und so fortfahren, bis Käse und Kräutersalat aufgeschichtet sind, die letzte Lage soll eine Käsescheibe sein. Mit den Blüten garnieren und servieren.

SO SCHMECKT'S AUCH **Wenn es nicht genügend Wildkräuter gibt oder Sie Lust auf einen anderen Geschmack haben, verwenden Sie Petersilie, Basilikum, Rucola und streifig geschnittenen Chicorée anstelle der Wildkräuter.**

DAS IST *wirklich* WICHTIG

[a] DIE WILDKRÄUTER müssen gut getrocknet werden, sonst nehmen sie die Salatsauce nicht an. Falls nötig, auf ein sauberes Küchentuch legen, die Enden zusammenfassen und das Bündel kräftig schleudern.

[b] DIE SALATSAUCE soll cremig wie eine Mayonnaise werden, deshalb zuerst Zitronensaft mit Senf und Honig so lange verrühren, bis sich alles gut verbunden hat. Dann das Öl nach und nach kräftig unterschlagen.

GRAZER ZIEGENKÄSE *mit Schnittknoblauch*

DER AROMATISCHE ZIEGENKÄSE MIT KNOBLAUCHWÜRZIGEM SCHNITTLAUCH UND DUNKLEM KÜRBISKERNÖL ERGIBT EINE SEHR ORIGINELLE KOMBINATION.

Zutaten für 4 Portionen

- 150 g bunte Blattsalate (Eichblattsalat, Radicchio, Feldsalat, Baby-Mangold)
- 200 g kleine Tomaten
- 1 Ziegenkäserolle (200 g)
- 1 Handvoll Schnittknoblauch (chinesischer Schnittlauch)
- 1 kleine rote Zwiebel
- 3 EL Weißweinessig
- 1 TL flüssiger Honig
- Salz, Pfeffer aus der Mühle
- 6 EL dunkles Kürbiskernöl (aus der Steiermark)

Zeitbedarf

- 30 Minuten

So geht's

1. Die Salate verlesen, harte Stiele und vom Feldsalat die Wurzelreste entfernen. Die Blätter waschen und in der Salatschleuder gut trocken schleudern. Kleine Blättchen ganz lassen, größere in Stücke zupfen. Den Salat auf vier Tellern anrichten. Die Tomaten waschen, vierteln und die Stielansätze entfernen. Die Tomatenviertel um die Salatblätter verteilen.
2. Von der Ziegenkäserolle die Enden entfernen, die Rolle in 8 gleich dicke Scheiben schneiden und auf den Salat legen.
3. Den Schnittknoblauch waschen, trocken schütteln und sehr schräg in ganz feine Streifen schneiden. Die Zwiebel schälen und sehr fein würfeln. Beides in ein Schüsselchen geben, mit dem Essig, Honig, Salz und Pfeffer kräftig verrühren. Das Kürbiskernöl kräftig unterschlagen.
4. Die würzige Sauce über die Käsescheiben und den Salat träufeln und gleich servieren, ehe sich Essig und Öl wieder trennen.

Dazu passt frisches Baguette oder Walnussbrot.

SCHNITTKNOBLAUCH ist etwas zäh und faserig. Deshalb die flachen Halme sehr schräg und fein schneiden. Schnittknoblauch gibt ein sehr würziges, feines Aroma mit einer leichten Knoblauchnote. In China wird er gern für Wokgerichte genommen, darf aber nur ganz kurz gegart werden, sonst verliert er sein Aroma. Auch die runden Stängel, an denen sich die weißen Blüten bilden, sind dafür geeignet, solange sie noch zart sind.

PETERSILIENSAUCE
aus Argentinien

DER GRÜNE VITAMINREICHE KRÄUTERDIP DARF IN ARGENTINIEN BEI KEINEM GRILLFEST FEHLEN.

Zutaten für 4 Portionen

- 1 Fleischtomate
- 2 Handvoll Petersilie
- 2 Stängel Oregano
- 1 rote Zwiebel
- 2 Knoblauchzehen
- 100 ml Sonnenblumenöl
- 4 EL Rotweinessig
- ½ TL Chiliflocken
- Salz, Pfeffer aus der Mühle

Zeitbedarf

- 30 Minuten + 1 Stunde ruhen

So geht's

1. Die Tomate mit kochendem Wasser überbrühen und kalt abschrecken. Häuten und ohne den Stielansatz klein würfeln. Die Petersilie und den Oregano waschen und trocken schütteln, die Blättchen abzupfen und fein hacken.
2. Die Zwiebel und den Knoblauch schälen und ganz klein würfeln. In einer Schüssel das Sonnenblumenöl mit dem Essig, den Chiliflocken, Salz und Pfeffer verrühren, bis sich das Salz aufgelöst hat. Die vorbereiteten Zutaten untermischen und die Sauce zugedeckt 1 Stunde ziehen lassen, damit sich die Aromen verbinden können.

Die Variante

Knoblauch-Petersilien-Sauce
4 Knoblauchzehen schälen und grob zerschneiden. 2 Bund Petersilie waschen und trocken schütteln, die Blättchen abzupfen und mit Knoblauch und 2 EL Sherryessig im Mixer glatt pürieren. 6 EL Olivenöl, Salz, Pfeffer und ½ TL scharfes Paprikapulver mit einer Gabel unterschlagen. Passt zu Fisch und Fleisch vom Grill oder zu hart gekochten Eiern.

KRÄUTER-DRESSING
mit Meerrettich

DIE SAUCE MIT VIELEN FRISCHEN KRÄUTERN PEPPT AUCH MILDERE SALATSORTEN PIKANT AUF.

Zutaten für 4 Portionen

- 1 Handvoll gemischte Kräuter (Petersilie, Dill, Schnittlauch, Zitronenthymian, etwas Minze)
- 1 Schalotte
- 4 EL Gemüsefond
- 3 EL Weißweinessig
- 1 EL geriebener Meerrettich (frisch oder aus dem Glas)
- 1 TL Senf
- 6 EL kalt gepresstes Rapsöl
- 1 TL flüssiger Honig
- Salz, Pfeffer aus der Mühle

besonderes Werkzeug
- Mixer oder Pürierstab

Zeitbedarf
- 20 Minuten

So geht's

1. Die Kräuter waschen und gut trocken schütteln. Die Blättchen abzupfen. Die Schalotte schälen und würfeln. Alles mit dem Gemüsefond, dem Essig, Meerrettich und Senf im Mixer oder mit dem Pürierstab ganz glatt pürieren.
2. Das Rapsöl und den Honig dazugeben und noch einmal kurz mixen. Das Dressing mit Salz und Pfeffer abschmecken. Gleich verwenden oder in ein Schraubdeckelglas füllen und im Kühlschrank aufheben.

Die würzig-pikante Salatsauce passt zu Kopf- oder Eisbergsalat, zu Gemüse-, Nudel- oder Reissalaten.

Die Variante

Kräutercreme
Je 1 Bund Petersilie, Dill und Schnittlauch waschen, trocken schütteln und fein hacken. 2 Frühlingszwiebeln waschen, putzen und fein schneiden. ¼ Salatgurke schälen und klein hacken. Alles mit den Kräutern unter 200 g Crème fraîche rühren. Mit Salz, Pfeffer, 1 TL Estragonsenf und 1 Prise Zucker würzen. Schmeckt als Sauce über Salatherzen oder Eisbergsalat, auch mit Crackern oder Möhrenstreifen zum Dippen.

DIE KRESSEFAMILIE

Die Scharfwürzigen

Auch wenn sie alle „Kresse" heißen, so richtig verwandt miteinander sind nur wenige. Etwas haben sie aber gemeinsam: den Geschmack.

GARTENKRESSE

Am bekanntesten ist die Gartenkresse (lateinisch *Lepidium sativum*), die vermutlich aus Asien und dem vorderen Orient stammt. Die Keimlinge sind in kleinen Papierbeeten überall im Handel. Die Samen keimen rasch und die grünen Triebe sind schon nach einer Woche zu ernten. Besonders im Winter sind sie eine würzige Ergänzung zu Salaten, sie enthalten viel Vitamin C und B, sind reich an Eisen, Kalzium und Folsäure.

KAPUZINERKRESSE

Nicht weniger beliebt ist die Kapuzinerkresse (*Tropaeolum majus*), die aber aus Südamerika stammt und mit ihren kräftig gelben oder orangeroten Blüten Gärten und Balkone schmückt. Ihre Blätter, Knospen und Blüten sind essbar, schmecken pfeffrig-scharf wie eben Kresse und wirken als Antibiotikum bei Erkältung und Blasenentzündung. Junge Blätter passen gut in Salate, Quark und Kräuterbutter, die Blüten sind ein essbarer Schmuck und die Knospen können wie Kapern in Essig eingelegt werden.

BRUNNENKRESSE

Die Brunnenkresse (*Rorippa nasturtium-aquaticum*) gehörte früher zur Gattung Nasturtium und ist nur dem deutschen Namen nach mit den anderen Kressearten verwandt. Sie wächst wild in langsam fließenden Bächen und Gräben und wird als pikantes Gemüse und als Salat geschätzt. In Erfurt wird sie heute wieder im Naturdenkmal Dreienbrunn traditionell in „Klingen" – von Quellwasser gespeisten Wassergräben – angebaut. Doch wer einen sauberen Bach in der Nähe hat, kann die meerrettichähnlich schmeckenden Blätter von März bis Mai und später, nach der Blüte, noch von August bis in den Winter hinein ernten.

BITTERE KRESSE UND WINTERKRESSE

Ebenfalls an Gräben und feuchten, schattigen Ufern ist die Bittere Kresse (*Cardamine amara*) zu finden, die der Brunnenkresse zum Verwechseln ähnlich sieht, aber violette Staubgefäße hat (die Brunnenkresse hat gelbe). Auch sie enthält Senföle und ist reich an Vitamin C. Blätter, junge Triebe und Blüten geben Quark und Butter, Salaten und Gemüsegerichten einen scharf-pikanten und leicht bitteren Geschmack. Den gleichen Standort bevorzugt die Winterkresse (*Barbarea vulgaris*), auch Barbarakraut genannt, die sich auch im Gemüsegarten anbauen lässt. Ihre scharf-würzigen vitaminreichen Blätter sind bis zum Winter für Salate und Fischgerichte wie auch als Wildspinat verwendbar.

DAIKONKRESSE

Weder verwandt noch verschwägert ist die Daikonkresse. Daikon ist ein milder weißer Riesenrettich aus Asien, dessen Keimlinge hier unter dem Namen Daikonkresse verkauft werden. Man bekommt sie – weiß oder rot – vor allem in Naturkostläden. Sie werden roh über Salate und Fisch gestreut oder in Sushi gewickelt.

GRÜNE SAUCE
mit hart gekochten Eiern

IN DIE ECHTE FRANKFURTER „GRIE SOOSS" GEHÖREN GENAU SIEBEN KRÄUTER, DA DIE SIEBEN ALS MAGISCHE ZAHL FÜR SCHÖPFUNG UND HEILUNG STEHT.

Zutaten für 4 Portionen

- 1 Handvoll Petersilie
- 1 Handvoll Kerbel
- ½ Handvoll Schnittlauch
- 3 Stängel Brunnenkresse
- 3 Stängel Pimpinelle
- 7 Sauerampferblätter
- 7 Borretschblätter
- 5 hart gekochte Eier
- 1 Eigelb
- 1 EL mittelscharfer Senf
- 5 EL Olivenöl
- 1 EL Apfelessig
- 125 g saure Sahne
- Salz, Pfeffer aus der Mühle

Zeitbedarf
- 35 Minuten

So geht's

1. Die Kräuter verlesen und waschen. Vor allem die Wildkräuter sehr gründlich waschen [→ a]. Alle Kräuter trocken schütteln. Harte Stiele entfernen und die Blättchen sehr fein hacken. 1 hart gekochtes Ei pellen, halbieren und das Eigelb auslösen. Mit einem Teelöffel durch ein kleines Sieb in eine Schüssel streichen. Mit dem frischen Eigelb und dem Senf gut verrühren. Das Eiweiß beiseitelegen.
2. Mit dem Schneebesen das Olivenöl erst tropfenweise, dann in dünnem Strahl unter die Eigelbmischung quirlen, bis eine ganz glatte, mayonnaiseartige Sauce entstanden ist [→ b]. Zum Schluss den Essig unterschlagen.
3. Die saure Sahne und die gehackten Kräuter untermischen. Das hart gekochte Eiweiß fein hacken und unterrühren, die Sauce mit Salz und Pfeffer abschmecken. Die übrigen hart gekochten Eier pellen und halbieren, auf vier Tellern anrichten und mit der kalten grünen Sauce übergießen. Oder die Sauce auf Teller verteilen und die halbierten Eier darauf anrichten.

Dazu schmecken heiße Pellkartoffeln oder frische Brötchen. Und wer mag, trinkt einen nicht zu herben Riesling dazu.

DAS IST *wirklich* WICHTIG

[a] WILDKRÄUTER wie Brunnenkresse und Sauerampfer sehr gründlich waschen, am besten in stehendem, stark gesalzenem Wasser, damit eventuelle anhaftende Keime abgespült werden.

[b] FÜR DIE EIGELBCREME wie bei einer Mayonnaise das Öl erst tropfenweise zugeben und kräftig mit dem Schneebesen schlagen, bis keine Ölspuren mehr zu sehen sind. Erst dann weiter Öl dazuträufeln.

DAS IST *wirklich* WICHTIG

[a] DINKELREIS sind angeschälte und vorgegarte Dinkelkörner, die in 20 Minuten gar sind. Unbehandelte Dinkelkörner müssen 12 Stunden eingeweicht werden und brauchen 45 – 60 Minuten zum Weichwerden.

[b] DIE KÖRNER können ruhig noch warm sein, wenn die Wildkräuter untergemischt werden, dann zieht das Aroma besonders gut durch. Wenn der Salat nicht gleich gegessen wird, gut kühlen und erst zum Servieren mit Huflattichblüten bestreuen.

WILDKRÄUTER-TABOULÉ
aus Dinkelreis

DER VITAMINREICHE VORSPEISENSALAT AUS DER PROVENCE STAMMT AUS ARABISCHEN LÄNDERN, WO ER MIT BULGUR UND PETERSILIE ZUBEREITET WIRD.

Zutaten für 4 Portionen

- 150 g Dinkelreis (Bioladen, Reformhaus)
- 200 ml Gemüsebrühe
- 2 gelbe Paprikaschoten
- 2 Frühlingszwiebeln
- 300 g reife Tomaten
- 300 g Wildkräuter wie Löwenzahn, Knoblauch-Hederich, Bärlauch, Brunnenkresse, etwas Sauerampfer
- 2 Stängel frische Minze
- 1 Handvoll Huflattichblüten (ersatzweise Gänseblümchenblüten)
- 100 ml Zitronensaft (von 2 – 3 Zitronen)
- 6 EL Olivenöl
- Salz, Pfeffer aus der Mühle

Zeitbedarf

- 35 Minuten

So geht's

1. Den Dinkelreis in ein Sieb geben und unter fließendem Wasser abspülen. Abtropfen lassen und mit der Brühe in einen Topf geben. Aufkochen, dann zugedeckt bei schwacher Hitze in 20 Minuten garen, dabei ab und zu die Körner umrühren und bei Bedarf etwas Wasser ergänzen **[→ a]**.
2. Inzwischen die Paprikaschoten und die Frühlingszwiebeln waschen, putzen und klein würfeln. Die Tomaten waschen und ohne Stielansätze in Würfel schneiden.
3. Die Wildkräuter und die Minze verlesen, harte Stiele entfernen. Die zarten Blätter lauwarm waschen, abtropfen lassen (oder in der Salatschleuder trocknen) und in Streifen schneiden. Die Huflattichblüten nur ausschütteln, um eventuell darin sitzendes Ungeziefer zu entfernen.
4. Den Dinkelreis abgießen, in eine flache Schüssel füllen und mit dem Zitronensaft und dem Olivenöl vermischen. Erst die Kräuter und die Frühlingszwiebeln, dann die Tomaten- und Paprikawürfel untermischen **[→ b]**. Den Salat mit Salz und Pfeffer abschmecken. Mit Huflattichblüten bestreut servieren.

NUDELSALAT
mit Löwenzahn und Bärlauch-Dressing

WILDKRÄUTER HARMONIEREN IMMER GUT MIT NUDELN, WEIL DIESE DAS KRÄFTIGE AROMA ETWAS MILDERN. SO LASSEN SICH AUCH KINDER DAZU VERFÜHREN.

Zutaten für 4 Portionen

- Salz
- 250 g Hörnchennudeln
- 4 EL Olivenöl
- 2 Handvoll zarte Löwenzahnblätter
- 1 Handvoll Bärlauch
- 2 EL Weißweinessig
- 2 TL Zitronensaft
- 1 TL mittelscharfer Senf
- Pfeffer aus der Mühle
- Zucker
- 4 Tomaten
- 60 g braune Champignons

besonderes Werkzeug
- Pürierstab oder Mixer

Zeitbedarf
- 30 Minuten

So geht's

1. Reichlich Wasser aufkochen und kräftig salzen. Die Nudeln einstreuen und nach Packungsangabe bissfest kochen, dabei ab und zu umrühren. Die Nudeln in ein Sieb abgießen, mit kaltem Wasser überbrausen und abtropfen lassen. In eine große Schüssel füllen und mit 1 EL Olivenöl vermischen **[→ a]**.
2. Während die Nudeln kochen, die Löwenzahnblätter verlesen, die Stielenden entfernen **[→ b]**. Die Blätter in warmem Wasser waschen, im Sieb gut abtropfen lassen oder trocken schleudern. Die Löwenzahnblätter in fingerbreite Streifen schneiden und unter die Nudeln mischen.
3. Die Bärlauchblätter verlesen, dicke Stiele abschneiden. Die Blätter waschen, trocken schütteln und grob zerschneiden. Mit dem restlichen Olivenöl, Essig, Zitronensaft, Senf, Salz und Pfeffer sowie 1 guten Prise Zucker mit dem Pürierstab oder im Mixer fein pürieren **[→ c]**. Das Bärlauchdressing unter den Salat mischen.
4. Die Tomaten kurz in kochendem Wasser überbrühen, abschrecken, häuten und ohne Stielansatz klein würfeln. Die Champignons mit Küchenpapier säubern, putzen und in kleine Würfel schneiden. Mit den Tomaten unter den Nudelsalat mischen, bei Bedarf mit Salz und Pfeffer abschmecken.

Mit frischem Baguette als Vorspeise oder zu Kurzgebratenem als Beilage servieren.

DAS IST *wirklich* WICHTIG

[a] DIE NUDELN bissfest garen und in einem Sieb mit kaltem Wasser überbrausen, damit sie nicht nachgaren. Gut abgetropft mit ein wenig Öl vermischen, so kleben sie nicht zusammen.

[b] VOM LÖWENZAHN die unteren Stielenden bis zu den grünen Blättern abschneiden, sie sind am bittersten und verfärben sich nach der Ernte durch die austretende „Milch" meist dunkel.

[c] DAS BÄRLAUCHDRESSING schmeckt auch, wenn die Blätter lediglich mit einem scharfen Messer sehr fein gehackt werden. Richtig schön grün wird es allerdings nur mit dem Pürierstab oder im Mixer.

WILDKRÄUTER-GRISSINI
knuspriges Fingerfood

DIE HANDGEROLLTEN DÜNNEN BROTSTANGEN SCHMECKEN AM BESTEN FRISCH AUS DEM OFEN, SOLANGE SIE NOCH LAUWARM SIND.

Zutaten für 32 Stück

- 500 g Mehl Type 550 + Mehl zum Arbeiten
- ½ Würfel Hefe (20 g; ersatzweise ½ Tütchen Trockenhefe)
- Salz
- 2 EL Olivenöl
- 1 Handvoll Huflattichblüten
- 1 Handvoll zarte Löwenzahnblätter

Zeitbedarf

- 1 Stunde + 2 Stunden 15 Minuten ruhen

So geht's

1. Das Mehl in eine Schüssel füllen und eine Mulde hineindrücken. Die Hefe hineinbröckeln bzw. einstreuen. 1 guten TL Salz auf den Mehlrand streuen [→ a]. In die Mulde 300 ml lauwarmes Wasser gießen, mit der Hefe und ein wenig Mehl verrühren. Das Olivenöl darübergeben.
2. Die Huflattichblüten verlesen und nicht waschen, sondern nur einzeln schütteln, damit eventuell darin sitzendes Ungeziefer entfernt wird. Von den Löwenzahnblättern die Stielenden entfernen, die Blätter lauwarm waschen und sehr gut trocken schütteln. Blüten und Blätter sehr fein schneiden und zum Mehl geben.
3. Die Hefemischung mit dem Mehl, den Blüten und Blättern gründlich vermischen und am besten mit den Händen so lange kneten, bis der Teig nicht mehr klebt und die Schüssel ganz sauber ist [→ b]. Den Teig zu einer Kugel formen, mit Frischhaltefolie abdecken und an einem warmen Platz etwa 2 Stunden gehen lassen, bis er sein Volumen verdoppelt hat.
4. Die Arbeitsfläche dünn mit Mehl bestreuen, den Teig darauf stürzen und noch einmal kräftig durchkneten. Etwa golfballgroße Stücke abreißen und mit den Händen zu langen, knapp kleinfingerdicken Stangen rollen [→ c].
5. Den Backofen auf 220 °C (Umluft 200 °C) vorheizen. Ein Backblech mit Backpapier auslegen und die Teigstangen mit etwas Abstand darauflegen. Mit einem leicht feuchten Tuch abdecken und noch etwa 15 Minuten gehen lassen. Dann im heißen Ofen (Mitte) etwa 20 Minuten backen, bis sie nussbraun und knusprig sind. Auf ein Kuchengitter heben und etwas abkühlen lassen. Frisch servieren.

DAS IST *wirklich* WICHTIG

[a] DAS SALZ nicht auf die Hefe streuen, sonst mag sie nicht gehen. Auf den Rand des Mehls streuen, so behindert sie das Aufgehen nicht.

[b] DER TEIG ist richtig geknetet, wenn er weich wie ein Ohrläppchen ist und kein Teigrest mehr in der Schüssel klebt.

[c] ZUM FORMEN die Teigstücke einfach frei zwischen den Handflächen rollen, bis sie dünn geformt sind. Wenn sie ein wenig ungleichmäßig sind, macht das gar nichts.

BÄRLAUCH-GUACAMOLE
mit Tomaten

IN MEXIKO WIRD DAS AVOCADOPÜREE MIT KORIANDERGRÜN UND FRISCHEN CHILISCHOTEN GEWÜRZT.

Zutaten für 4 Portionen

- 2 reife, aber noch schnittfeste Tomaten
- 2 weiche Avocados
- 2 EL Zitronensaft
- 1 Handvoll Bärlauch
- Salz, Pfeffer aus der Mühle
- 1 Msp. Cayennepfeffer

Zeitbedarf
- 30 Minuten

So geht's

1. Die Tomaten waschen und ohne Stielansätze klein würfeln. Die Avocados halbieren, die Kerne auslösen und das Fruchtfleisch mit einem Löffel in eine Schüssel schaben. Mit einer Gabel zerdrücken, dabei den Zitronensaft zugeben, damit sich das Fruchtfleisch nicht verfärbt.
2. Den Bärlauch waschen und trocken schütteln. Harte Stiele entfernen, die Blätter sehr fein hacken. Mit Salz, Pfeffer und Cayennepfeffer unter das Püree mischen. Gleich mit Tortilla-Chips oder Grissini zum Dippen servieren.

SO SCHMECKT'S AUCH **Wer die Guacamole pikanter mag, entkernt 1–2 frische grüne Chilischoten, schneidet sie ganz klein und würzt das Püree statt mit Cayennepfeffer damit.**

OLIVENCREME *mit Basilikum*

DURCH DAS RÖSTEN IM OFEN SCHMECKEN DIE OLIVEN BESONDERS INTENSIV UND AROMATISCH.

Zutaten für 4–6 Portionen

- 250 g schwarze Oliven (mit Stein)
- 3 Stängel Basilikum
- grobes Meersalz
- 70 ml Olivenöl extra nativ

besonderes Werkzeug
- Mörser

Zeitbedarf
- 45 Minuten

Haltbarkeit
- ca. 2 Wochen

So geht's

1. Den Backofen auf 175 °C (Umluft 160 °C) vorheizen. Die Oliven mit Küchenpapier trocken tupfen und in einer ofenfesten Schale oder auf einem Backblech ausbreiten. Im heißen Ofen 10–15 Minuten backen.
2. Die Basilikumblättchen mit Küchenpapier abreiben und klein zupfen. Mit 1 Prise grobem Meersalz im Mörser zerreiben. Die Oliven aus dem Ofen nehmen und abkühlen lassen. Das Olivenfleisch von den Steinen schneiden. Ebenfalls in den Mörser geben und alles zu einer glatten Paste zerstampfen. Nach und nach das Olivenöl kräftig unterschlagen, bis eine glatte Creme entstanden ist.
3. Die Creme entweder gleich auf Röstbrot streichen oder zum Würzen von Nudelsaucen verwenden. Oder in Gläser füllen und mit Olivenöl bedeckt im Kühlschrank aufheben.

SO SCHMECKT'S AUCH Die schwarze Olivenpaste wird in Ligurien gerne auch mit Rosmarin oder Oregano gewürzt. Manchmal kommt noch ein wenig geriebene Orangenschale oder zerbröselte Chilischote dazu.

HEIMISCHE KRÄUTER

Die Zartaromatischen

PETERSILIE, SCHNITTLAUCH, DILL

Die wichtigsten heimischen Sorten sind natürlich Petersilie, Schnittlauch und Dill, die es auch in jedem Supermarkt zu kaufen gibt. Von der zweijährigen Petersilie gibt es zwei Sorten: die glattblättrige und die krause. Die erstere hat ein kräftigeres Aroma, die zweite eignet sich besser zum Garnieren. Im Garten mögen beide nicht zu viel Sonne und einen nährstoffreichen Boden. Im Töpfchen wächst die Pflanze auch gut auf der Fensterbank.

Der Schnittlauch gedeiht am besten an einem sonnigen Plätzchen und kommt immer wieder. Auch er lässt sich am Fenster ziehen. Die Halme am besten mit der Schere abschneiden und immer frisch verwenden. Die Blütenknospen sehen auf Salaten hübsch aus.

Noch mehr Sonne will der Dill, der einen lockeren Boden braucht und tief wurzelt, deshalb ist er weniger für kleine Kräutertöpfe geeignet. Seine zarten, fedrigen Blätter schmecken nur frisch, lassen sich aber auch gut einfrieren. Die Blütendolden braucht man zum Einmachen von Sauergemüse.

KERBEL

Ein typisches Frühjahrskräutlein ist der Kerbel, der schon im März ausgesät und wenige Wochen später geerntet werden kann. Vor der Blüte schmecken die Blättchen am besten. Sein anisähnliches Aroma passt prima zu leichten Saucen und zu Fisch.

LIEBSTÖCKEL

Der robuste, immer wieder kommende Liebstöckel, auch Maggikraut genannt, mag nicht zu sonnige Plätze, aber viel Wasser. Dann wird er fast mannshoch. Sein Aroma ist extrem intensiv nach der namengebenden Speisewürze, deshalb sehr sparsam verwenden. Seine Blätter samt Stängeln dürfen auch mitgekocht werden. Ähnlich, aber dezenter würzt der Schnittsellerie.

ESTRAGON

Vom Estragon gibt es zwei Sorten: den robusten russischen Estragon, der allerdings etwas bitter schmeckt, und den empfindlicheren französischen Estragon, der nur durch Teilung des Wurzelstocks vermehrt werden kann.
Ist er aber einmal im Garten angewachsen, breitet er sich bereitwillig aus. Beide benötigen lockeren, wasserdurchlässigen Boden und viel Sonne. Französischer Estragon würzt anisähnlich Essig, Salate, Fisch und helle Saucen und darf mitgegart werden. Er lässt sich auch gut trocknen.

WELCHES KRAUT FÜR WELCHES GERICHT

KRAUT	TEIL	GERICHT
Petersilie	Blätter	Quark, Eier, Gemüse
Schnittlauch	Halme, Blüten	Quark, Salat, Suppe
Dill	Blätter, Dolden	Salat, Sauce, Fisch
Kerbel	Blätter vor der Blüte	Salat, Sauce, Suppe
Liebstöckel	Blätter, Stiele	Suppe, Gemüse, Fleisch
Estragon	Blätter, Stiele	Salat, Geflügel, Fisch

HEISSER SCHAFSKÄSE
mit Kräutern der Provence

EIN SCHNELLER IMBISS FÜR ALLE, DIE GERNE SCHAFSKÄSE MIT KNOBLAUCH UND KRÄUTERN MÖGEN. DAZU SCHMECKT KNUSPRIGES BAGUETTE.

Zutaten für 4 Portionen

- 400 g Feta (Schafskäse)
- 1 Handvoll frische Kräuter (Petersilie, Basilikum, Rosmarin, Thymian, Bergbohnenkraut, Salbei, Estragon)
- 2 Schalotten
- 3–4 Knoblauchzehen
- 2 reife Tomaten
- 4 sauer eingelegte grüne Peperoni (Glas)
- 6 EL Olivenöl
- 50 g schwarze Oliven (ohne Stein)
- Salz, Pfeffer aus der Mühle
- ein paar Lavendelblüten

besonderes Werkzeug
- 4 ofenfeste Förmchen (ca. 15 cm Ø)

Zeitbedarf
- 30 Minuten

So geht's

1. Den Backofen auf 225 °C (Umluft: 200 °C) vorheizen. Den Schafskäse in vier rechteckige Stücke teilen, eventuell kurz kalt abspülen oder, falls nötig, entsalzen [→ a] und mit Küchenpapier trocken tupfen. Die Kräuter waschen und trocken schütteln, die Blättchen abzupfen und fein hacken. Die Schalotten und den Knoblauch schälen und in ganz dünne Scheiben schneiden. Die Tomaten waschen und ohne Stielansätze in Scheiben schneiden. Die Peperoni abtropfen lassen.
2. Die ofenfesten Förmchen mit ein wenig Olivenöl ausstreichen und die Schafskäsestücke hineinlegen. Die Peperoni und die Oliven darum herum verteilen. Die Tomatenscheiben dachziegelartig auf die Käsestücke schichten und mit Knoblauch- und Schalottenscheiben belegen. Sparsam mit Salz, kräftig mit Pfeffer bestreuen.
3. Die gehackten Kräuter und die Lavendelblüten darüberstreuen und das Ganze mit dem restlichen Olivenöl beträufeln. Die Förmchen in den heißen Ofen (Mitte) stellen und das Ganze etwa 12 Minuten backen, bis das Öl schön brutzelt und die Schalotten leicht bräunen [→ b]. Heiß in den Förmchen servieren.

WER KEINE FÖRMCHEN HAT, **nimmt vier Stücke Alufolie (ca. 30 x 30 cm groß) und bestreicht sie mit etwas Öl. Schafskäse und die übrigen Zutaten wie beschrieben aufeinanderschichten, die Folien verschließen und das Ganze im Ofen etwa 15 Minuten backen. Die Päckchen erst am Tisch öffnen.**

DAS IST *wirklich* WICHTIG

[a] SCHAFSKÄSE kann mildwürzig oder sehr salzig sein, also vorher ein Stück probieren. Sollte er sehr scharf schmecken, vorher zum Entsalzen 20 – 30 Minuten in eiskaltes Wasser legen (in warmem Wasser würde er weich werden).

[b] DIE FÖRMCHEN nicht zu lange im Ofen lassen, sonst zerläuft der Schafskäse und die Kräuter werden zu dunkel. Sobald das Olivenöl Blasen wirft und die Schalotten etwas braun sind, gleich aus dem Ofen nehmen und auf hitzefesten Tellern auftragen.

DAS IST *wirklich* WICHTIG

[a] BEIM PFANNKUCHENTEIG immer zuerst das Mehl nach und nach mit der Milch verrühren, bis ein ganz glatter Teig entstanden ist. Erst dann die Eier untermischen, so bekommt man keine Mehlklümpchen. Wenn es doch einmal welche geben sollte: den fertigen Teig durch ein Sieb streichen.

[b] FÜR DÜNNE PFANNKUCHEN die Pfanne nach jedem Pfannkuchen etwas abkühlen lassen, damit der Teig beim Eingießen nicht sofort stockt, sondern sich durch Schwenken dünn über den ganzen Pfannenboden verteilen lässt.

[b]

PFANNKUCHEN *mit Ricotta-Kräuter-Füllung*

IN ITALIEN WERDEN DIE PFANNKUCHEN „CRESPELLE" GENANNT UND NICHT NUR KALT GEGESSEN, SONDERN AUCH WIE CANNELLONI GEFÜLLT UND ÜBERBACKEN.

Zutaten für 4 Portionen

- 200 g Mehl
- 350 ml Milch
- Salz
- 2 Eier (Größe L)
- 1 großes Bund Basilikum
- 1 Handvoll Kresseblätter (Kapuzinerkresse oder Brunnenkresse)
- 500 g Ricotta (ersatzweise Magerquark)
- 75 g frisch geriebener Parmesan
- Pfeffer aus der Mühle
- ca. 4 EL Butter zum Braten
- 200 g Kirschtomaten
- ½ Salatgurke
- Kapuzinerkresseblüten zum Garnieren

Zeitbedarf

- 45 Minuten

So geht's

1. Für die Pfannkuchen das Mehl in eine Schüssel geben, eine Mulde eindrücken und die Milch hineingießen. Mit dem Schneebesen die Milch nach und nach mit dem Mehl verrühren, bis ein glatter, flüssiger Teig entstanden ist **[→ a]**. Salzen und die Eier untermischen. Den Teig beiseitestellen und etwa 15 Minuten quellen lassen.
2. Für die Füllung die Kräuter abreiben bzw. waschen und trocken schütteln. Die Basilikumspitzen zum Garnieren beiseitelegen, die übrigen Kräuterblätter fein zerschneiden. Den Ricotta mit dem Parmesan vermischen, die Kräuter unterrühren und die Kräutercreme mit Salz und Pfeffer abschmecken.
3. In einer Pfanne etwas Butter erhitzen, aus jeweils 1 Schöpfkelle Teig ganz dünne, helle Pfannkuchen backen **[→ b]**. Zum Umdrehen einen breiten Pfannenwender nehmen. Die fertigen Pfannkuchen aufeinanderstapeln und abkühlen lassen.
4. Jeweils einen kalten Pfannkuchen mit etwas Kräutercreme bestreichen und aufrollen. Die Rollen schräg in etwa 4 cm lange Stücke schneiden und auf einer Platte anrichten. Die Tomaten und die Salatgurke waschen, die Tomaten ganz lassen, das Gurkenstück streifig schälen und in Scheiben schneiden. Rund um die Pfannkuchenrollen verteilen, mit Basilikumspitzen und Kapuzinerkresseblüten garnieren.

SO SCHMECKT'S AUCH **Statt Basilikum und Kresse 1 Bund möglichst kleinblättrigen Rucola fein schneiden und mit 1 gehäuteten und entkernten, ganz klein gewürfelten Tomate unter die Ricottacreme rühren.**

BANDNUDELN
mit Löwenzahn und Huflattichblütenbutter

GEHT GANZ SCHNELL: LÖWENZAHN UNTER HEISSE NUDELN MISCHEN, DEN PFIFF GEBEN GEBRATENE HUFLATTICHBLÜTEN, DIE NACH SAFRAN SCHMECKEN.

Zutaten für 4 Portionen

- 150 g zarte Löwenzahnblätter
- 1 Handvoll Huflattichblüten
- 1 Schalotte
- 1 Knoblauchzehe
- Salz
- 400 g schmale Bandnudeln (Tagliolini)
- 100 g Butter
- 1 TL Chiliflocken
- grober Pfeffer aus der Mühle
- 75 g frisch geriebener Pecorino oder Parmesan

Zeitbedarf

- 30 Minuten

So geht's

1. Eine hitzefeste Schüssel im Backofen bei 75 °C (Umluft 60 °C) anwärmen. Die Löwenzahnblätter verlesen, die Stielenden unten abschneiden **[→ a]**. Die Blätter in warmem Wasser waschen und gut abtropfen lassen, dann in schmale Streifen schneiden. Die Huflattichblüten nur kräftig ausschütteln **[→ b]**, um eventuell darin sitzendes Ungeziefer zu entfernen. Die Schalotte und den Knoblauch schälen und klein würfeln.
2. Für die Nudeln reichlich Wasser aufkochen und salzen. Die Bandnudeln einrühren und nach Packungsangabe bissfest kochen, dabei ab und zu umrühren.
3. Während die Nudeln kochen, in einem Topf die Butter erhitzen. Die Huflattichblüten darin ganz leicht anbräunen. Mit einem Schaumlöffel herausheben. In der verbliebenen Butter die Schalotte und den Knoblauch goldgelb dünsten.
4. Die gegarten Nudeln in ein Sieb abgießen, nur kurz abtropfen lassen und in die heiße Schüssel geben. Den Löwenzahn schnell untermischen, die Huflattichblütenbutter mit Schalotten- und Knoblauchwürfeln darübergießen. Das Ganze mit Chiliflocken, Salz und grob gemahlenem Pfeffer würzen. Die Nudeln rasch durchmischen, auf Teller verteilen und mit den gebratenen Huflattichblüten bestreuen. Den Käse extra dazu servieren.

DAS IST *wirklich* WICHTIG

[a] VON LÖWENZAHNBLÄTTERN die unteren Stielenden abschneiden, sie sind besonders herb. Die Blätter kurz in gut warmem Wasser waschen; wer sie milder haben möchte, lässt sie ein paar Minuten darin ruhen.

[b] DIE HUFLATTICHBLÜTEN auf sauberen, unbelasteten Flächen sammeln und nur kräftig ausschütteln. Nicht waschen, sonst verlieren sie ihr Aroma und bräunen nicht.

RISOTTO *mit Rucola*

BISSFEST GEKOCHTER REIS UND WÜRZIGE KRÄUTER, SO MÖGEN NICHT NUR ITALIENER IHREN RISOTTO.

Zutaten für 4 Portionen

- 1 gute Handvoll Rucola (ca. 100 g)
- 1 Zwiebel
- 2 Knoblauchzehen
- 1 l leichte Gemüsebrühe
- 2 EL Butter
- 250 g Risottoreis
- 100 ml trockener Weißwein
- 75 g frisch geriebener Parmesan
- Salz, Pfeffer aus der Mühle

Zeitbedarf

- 35 Minuten

So geht's

1. Den Rucola verlesen, waschen und gut trocken schütteln. Die Zwiebel und die Knoblauchzehen schälen und sehr fein hacken. Die Gemüsebrühe in einem Topf erhitzen.
2. In einem zweiten Topf die Butter zerlassen. Den Reis einstreuen und in 2–3 Minuten glasig dünsten. Den Weißwein dazugießen und fast einkochen lassen. Dann nach und nach so viel heiße Brühe dazugeben, dass die Reiskörner immer gerade bedeckt sind. Den Risotto bei mittlerer Hitze offen etwa 25 Minuten garen, dabei öfter umrühren und immer wieder Brühe nachgießen.
3. Wenn der Reis bissfest und gar ist, den Rucola grob zerschneiden und mit der Hälfte vom Parmesan kräftig unter den Risotto mischen. Mit Salz und Pfeffer abschmecken, den restlichen Käse extra dazu servieren.

SO SCHMECKT'S AUCH **Wenn der Risotto zum Hauptgericht werden soll: 300 g rohe geschälte Garnelen am Rücken einschneiden und mit einer Messerspitze den dunklen Darm entfernen. Die Garnelen kurz unter kaltem Wasser abspülen und mit Küchenpapier trocken tupfen. In einer Pfanne 2 EL Olivenöl mit 2 EL Butter erhitzen und die Garnelen auf jeder Seite etwa 2 Minuten braten, bis sie nicht mehr glasig aussehen. Mit Salz und Pfeffer würzen und auf dem Risotto anrichten.**

GRÜNER BULGUR
mit Fenchel

GEMÜSE UND WÜRZE ZUGLEICH SIND HIER DIE ZARTEN STÄNGEL VOM GEWÜRZFENCHEL IM BULGUR.

Zutaten für 4 Portionen

- 1 Handvoll zarte Stängel Gewürzfenchel
- 1 Stängel Minze
- 2 Zwiebeln
- 3 Knoblauchzehen
- 1 grüne Chilischote
- 2 EL Olivenöl
- 450 ml kräftige Gemüsebrühe
- 300 g Bulgur (grober Weizengrieß)
- 3 EL Pinienkerne
- Salz

Zeitbedarf

- 30 Minuten

So geht's

1. Gewürzfenchel und Minze waschen und trocken schütteln. Die Fenchelspitzen beiseitelegen, die Fenchelstängel in kleine Stücke schneiden. Minzeblättchen abzupfen und fein schneiden. Zwiebeln und Knoblauch schälen und fein hacken. Die Chilischote waschen, putzen und in feine Streifen schneiden.
2. In einem Topf das Olivenöl erhitzen, Zwiebeln und Knoblauch darin glasig dünsten. Die Fenchelstängel und Chilistreifen zugeben, die Gemüsebrühe dazugießen und aufkochen lassen. Den Bulgur einrühren, den Topf vom Herd nehmen und den Bulgur zugedeckt etwa 15 Minuten ausquellen lassen.
3. Die Pinienkerne in einem Pfännchen ohne Fett hellbraun rösten und mit der Minze unter den Bulgur mischen. Mit Salz abschmecken und mit den Fenchelspitzen garniert servieren.

Passt gut als Beilage zu Fisch und Hähnchen.

GEWÜRZFENCHEL ist eine seit dem Altertum kultivierte Pflanze, die bis zu 150 cm hoch wird und keine dickfleischigen Knollen wie der Gemüsefenchel ausbildet. Die getrockneten Samen werden zum Würzen und als Tee gegen Husten und Blähungen verwendet, die frischen Stängel sind vor allem in Süditalien und in Griechenland als würziges Gemüse beliebt. Am zartesten sind die jungen fleischigen Triebe, aus denen sich später die Blüten entwickeln. Wenn sie sich gut biegen lassen und leicht brechen, sind sie perfekt für dieses Rezept.

SÜDTIROLER PIZZA
mit Brunnenkresse und Speck

AUF DIE PIZZA MIT KRÄUTERWÜRZIGER TOMATENSAUCE WIRD NACH DEM BACKEN FRISCHE BRUNNENKRESSE GESTREUT. DARAUF KOMMT ZITRONENSAFT.

Zutaten für 6 Portionen

- 500 g Mehl + Mehl zum Arbeiten
- 1 Päckchen Trockenhefe
- 6 EL Olivenöl
- Salz
- je 1 Stängel Oregano und Thymian
- ½ Zweig Rosmarin
- 1 kleine Zwiebel
- 2 Knoblauchzehen
- 2 Dosen stückige Tomaten (à 400 g)
- Pfeffer aus der Mühle
- 70 g Südtiroler Schinkenspeck in dünnen Scheiben
- 2 Kugeln Mozzarella (à 125 g)
- 250 g Brunnenkresse (ersatzweise 125 g Rucola)
- 2 EL Zitronensaft

Zeitbedarf

- 1 Stunde

So geht's

1. Das Mehl in eine Schüssel geben und eine Mulde eindrücken. Die Hefe mit knapp 300 ml lauwarmem Wasser und 2 EL Olivenöl verrühren und in die Mulde gießen. 1 gute Prise Salz auf den Mehlrand streuen. Sobald die Hefemischung Blasen bildet, alles gründlich vermischen und so lange kräftig kneten, bis der Teig nicht mehr klebt **[→ a]**. Den Teig zugedeckt etwa 30 Minuten gehen lassen, bis die Sauce fertig ist.
2. Die Kräuter waschen und trocken schütteln, die Blättchen bzw. Nadeln abzupfen und fein hacken. Die Zwiebel und den Knoblauch schälen und klein würfeln. In einem Topf 2 EL Olivenöl erhitzen. Die Zwiebel- und Knoblauchwürfel darin bei mittlerer Hitze glasig dünsten. Die gehackten Kräuter und die Tomaten zugeben, mit Salz und Pfeffer würzen. Die Sauce bei mittlerer Hitze in etwa 20 Minuten offen dickflüssig einkochen lassen, ab und zu umrühren **[→ b]**.
3. Den Backofen auf 250 °C (Umluft 230 °C) vorheizen. Die Arbeitsfläche dünn mit Mehl bestreuen und den Teig darauf etwa ½ cm dünn in Größe des Backblechs so ausrollen, dass der Rand ein wenig dicker ist. Den Teig auf ein mit Backpapier ausgelegtes Backblech legen und mit der Tomatensauce bestreichen. Den Schinkenspeck in breite Streifen schneiden und daraufstreuen. Den Mozzarella abtropfen lassen und in Scheiben schneiden, darüber verteilen und leicht salzen. Die Pizza im heißen Ofen (unten) in 13–15 Minuten knusprig backen.
4. Inzwischen die Brunnenkresse in kräftig gesalzenem, lauwarmem Wasser gründlich waschen, trocken schütteln und die Blättchen abzupfen. Die Pizza aus dem Ofen nehmen, in Portionsstücke teilen, mit Brunnenkresseblättchen bestreuen und mit Zitronensaft und dem restlichen Olivenöl beträufeln. Gleich servieren, ehe die Brunnenkresse zusammenfällt.

DAS IST *wirklich* WICHTIG

[a] DEN HEFETEIG so lange kräftig kneten – mit der Hand oder mit einer Küchenmaschine –, bis er völlig glatt und seidig glänzend ist. Dann lässt er sich nach dem Gehen auch gut ausrollen.

[b] DIE TOMATENSAUCE muss so dick einkochen, dass sie sich auf dem Teigboden verstreichen lässt ohne diesen zu verwässern. Den Teigrand dabei frei lassen.

DAS IST *wirklich* WICHTIG

[a] DIE ZUCCHINI müssen ganz grob geraspelt werden, sonst werden sie beim Braten zu weich und matschig. Wer keine grobe Raspel hat, kann sie auch mit einem Messer in streichholzdünne Streifen schneiden.

[b] DIE ZUCCHINIMASSE darf nicht zu flüssig werden, deshalb die Raspel sehr fest ausdrücken und die Mischung nicht zu lange stehen lassen, sonst zieht sie Wasser. Falls sie doch zu flüssig geworden ist, weitere Zwiebackbrösel untermischen, bis sie formbar ist.

DIE ZUCCHINI-RASPEL GUT AUSDRÜCKEN.
[b]

ZUCCHINI-BÄLLCHEN

mit Petersilie, Dill und Minze

DIE WÜRZIGEN KROKETTEN SIND IN DER TÜRKEI UND IN GRIECHENLAND EIN BELIEBTER IMBISS. ABGEKÜHLT EIGNEN SIE SICH AUCH FÜR EIN PICKNICK.

Zutaten für 4 Portionen

- 600 g kleine, feste Zucchini
- Salz
- 2 Frühlingszwiebeln
- 1 Bund Petersilie
- 3 Stängel frischer Dill
- 2 Stängel frische Minze
- 50 g salzige Zwieback-Brötchen
- 50 g frisch geriebener Hartkäse (z. B. Parmesan oder Pecorino)
- 2 Eier (Größe M)
- Pfeffer aus der Mühle
- ca. 6 EL Olivenöl zum Braten

besonderes Werkzeug

- Mörser oder Blitzhacker

Zeitbedarf

- 45 Minuten

So geht's

1. Die Zucchini waschen und mit Küchenpapier abtrocknen. Mit der Gemüsereibe grob in ein Sieb raspeln [→ a]. 2 TL Salz darüberstreuen und mit den Zucchiniraspeln vermischen. Die Raspel etwa 20 Minuten abtropfen lassen.
2. Inzwischen die Frühlingszwiebeln waschen, putzen und mit dem knackigen Grün sehr fein hacken. Die Kräuter waschen und gut trocken schütteln, die Blättchen abzupfen und fein schneiden. Die Zwieback-Brötchen zerbröckeln und im Mörser oder mit dem Blitzhacker zu Bröseln zerkleinern. Die Brösel mit dem Käse, den Frühlingszwiebeln und den Kräutern in eine Schüssel geben.
3. Die abgetropften Zucchiniraspel mit den Händen portionsweise sehr fest ausdrücken und zu der Bröselmischung geben [→ b]. Die Eier dazugeben, alles gut vermischen und vorsichtig mit Salz, kräftig mit Pfeffer abschmecken.
4. In einer großen Pfanne etwas Olivenöl auf mittlerer Stufe erhitzen, bis die Oberfläche unruhig wird. Portionsweise eigroße Mengen Zucchinimasse hineingeben, etwas flach drücken und auf beiden Seiten jeweils etwa 5 Minuten goldbraun braten. Die fertigen Bällchen herausheben und auf Küchenpapier entfetten. Heiß servieren.

DAZU SCHMECKT **eine kalte Joghurt-Sauce aus 300 g Sahnejoghurt mit fein gehackter Zitronenmelisse und Schnittlauch, gewürzt mit durchgepresstem Knoblauch und Salz.**

BLUMENKOHL
mit Bärlauch-Kartoffel-Sauce

DER RECHT MILD SCHMECKENDE BLUMENKOHL WIRD MIT EINER GRÜNEN SAUCE IM OFEN ÜBERBACKEN UND BEKOMMT DADURCH EINE GANZ NEUE, SPANNENDE NOTE.

Zutaten für 4 Portionen

- 1 großer Blumenkohl (ca. 1 kg)
- Salz
- 400 g vorwiegend festkochende Kartoffeln
- 400–500 ml Gemüsebrühe
- Fett für die Form
- 250 g braune Champignons
- 1 EL Olivenöl
- Pfeffer aus der Mühle
- 2 Handvoll Bärlauch
- 100–150 g Sahne
- 2 EL Butter
- 100 g frisch geriebener Emmentaler

besonderes Werkzeug

- ofenfeste Form
- Pürierstab

Zeitbedarf

- 1 Stunde

So geht's

1. Vom Blumenkohl die Blätter entfernen, den Strunk herausschneiden [→ a] und den Kohl in große Röschen zerteilen. Die Röschen waschen und in den Siebeinsatz eines Dämpftopfes legen (die größeren nach unten, die kleineren darüber, so garen sie gleichmäßig). Die Röschen salzen. Im Topf etwa 5 cm hoch Wasser aufkochen, den Siebeinsatz einsetzen und den Kohl zugedeckt über dem Dampf in etwa 15 Minuten bissfest garen. Wer keinen Dämpftopf hat, kocht den Blumenkohl in Salzwasser bissfest.
2. Inzwischen die Kartoffeln schälen und in Würfel schneiden. In 400 ml Brühe etwa 20 Minuten garen.
3. Die ofenfeste Form fetten. Den Blumenkohl aus dem Siebeinsatz heben und in der Form verteilen. Die Pilze möglichst nur mit Küchenpapier und einem kleinen Messer säubern, dann grob zerteilen. Das Olivenöl in einer Pfanne erhitzen und die Pilze etwa 5 Minuten braten. Mit Salz und Pfeffer würzen und zwischen den Blumenkohlröschen verteilen.
4. Den Backofen auf 230 °C (Umluft 220 °C) vorheizen. Die Bärlauchblätter waschen, trocken schütteln und fein schneiden. Die gegarten Kartoffelwürfel in der Brühe mit dem Pürierstab kurz durchmixen [→ b], dabei 100 g Sahne zugießen. Je nach Konsistenz der Kartoffelmischung die übrige Brühe oder die restliche Sahne dazugeben und untermixen. Den Bärlauch dazugeben und alles rasch zu einer glatten Sauce pürieren. Die Butter zugeben und noch einmal kurz mixen. Die grüne Kartoffelsauce über die Blumenkohlröschen und die Pilze gießen.
5. Alles mit dem Käse bestreuen und im heißen Ofen (Mitte) etwa 15 Minuten überbacken, bis der Käse schön gebräunt ist.

DAS IST *wirklich* WICHTIG

[a] VOM BLUMENKOHL den Strunk so herausschneiden, dass die Röschen einfach auszubrechen sind. Den Strunk nicht wegwerfen, sondern für eine Gemüsesuppe verwenden.

[b] DIE KARTOFFELSAUCE nicht zu lange mixen, sonst wird sie kleistrig. Mit dem gehackten Bärlauch gerade so lange pürieren, dass die Sauce schön grün aussieht.

MITTELMEERKRÄUTER
Die Herbwürzigen

ROSMARIN
Der Rosmarin bildet verholzte Sträucher, die aber unsere Winter nicht im Freien überstehen. Am besten in einen großen Topf mit sandig-durchlässiger Erde pflanzen und an einem sonnigen Platz im Haus überwintern. Sein kräftig-würziger, harziger Geschmack passt gut zu aromatischen Lamm- und Tomatengerichten.

THYMIAN
Der sonnenhungrige Thymian wächst auch als Feldthymian oder Quendel bei uns, allerdings ist sein Aroma weniger harzig als das des echten Thymians. Für ihn gilt das Gleiche wie für Rosmarin, aber er ist meist winterhart. Mit seiner duftigen Würze passt er auch zu Fisch und zarteren Gemüsesorten. Besonders der aromatische Zitronenthymian wird gern als Zier- und Würzpflanze bei uns angebaut und schmeckt besonders intensiv.

BOHNENKRAUT
Der mehrjährige Verwandte unseres Sommerbohnenkrauts heißt Bergbohnenkraut oder Winterbohnenkraut, verträgt auch Frost und würzt mit seinem leicht pfeffrigen Geschmack alle Bohnengerichte sowie fettes Fleisch. Zum Trocknen kurz vor der Blüte ernten.

SALBEI
Die Blätter des Salbeis haben ein recht strenges, etwas gewöhnungsbedürftiges Aroma und schmecken am besten, wenn sie in Butter oder Öl gebraten werden. Er gedeiht bei uns an sonnigen Plätzen mit lockeren Böden, ist aber nur bedingt winterhart.

LAVENDEL
Die Blüten des Lavendels werden in der Provence gerne zum Würzen von Gemüse- und Fleischgerichten genommen und gehören getrocknet in die echte provenzalische Kräutermischung.

LORBEER UND MYRTE
Lorbeer und Myrte sind bei uns nur als Kübelpflanze zu überwintern. Beide würzen herb-aromatisch in kleinen Mengen Suppen, Saucen und Eintöpfe. Der Geschmack frischer Blätter ist noch intensiver als der getrockneter.

OREGANO
Oregano wird der wilde Majoran genannt, der in vielen Unterarten in Südeuropa heimisch ist und dort ein viel intensiveres Aroma entwickelt. Das typische Gewürz für Pizza, Tomatensaucen und griechische Schmorgerichte.

CURRYKRAUT
Currykraut, das als Gewürzpflanze bei uns verkauft wird, ist in Currygewürzen nicht enthalten, sondern riecht nur ähnlich. Es ist die Mittelmeer-Strohblume, die dort wild wächst und deren Blätter und Blüten in Griechenland und Tunesien für Schmorgerichte verwendet werden.

BASILIKUM UND RUCOLA
Über Basilikum und Rucola muss nicht viel berichtet werden, Ersteres gedeiht am besten in Töpfen, es gibt viele verschiedene Sorten mit unterschiedlichen Aromen. Basilikum wird nur frisch verwendet. Rucola oder Salatrauke lässt sich vom Frühjahr bis zum Herbst selbst ziehen und schmeckt als Salat oder als Pesto.

GEFÜLLTE TOMATEN
mit Currykraut

AUF DER GRIECHISCHEN INSEL AMORGOS WERDEN DIE TOMATEN ALS WARME VORSPEISE ODER IMBISS SERVIERT.

Zutaten für 4 Portionen

- 4 feste Fleischtomaten (à 200 g)
- Salz
- 75 g roher Schinken
- 100 g Feta (Schafskäse)
- 2 Knoblauchzehen
- Pfeffer aus der Mühle
- 3 EL Olivenöl
- 4 Currykraut-Blütendolden

besonderes Werkzeug
- ofenfeste Form

Zeitbedarf
- 45 Minuten

So geht's

1. Den Backofen auf 225 °C (Umluft 200 °C) vorheizen. Die Tomaten waschen, einen Deckel abschneiden und das Tomateninnere mit einem Kugelausstecher oder einem kleinen Löffel aushöhlen. Die Tomaten innen leicht salzen und umgedreht abtropfen lassen. Den Schinken in kleine Würfel schneiden, den Feta zerbröckeln. Beides locker vermischen. Den Knoblauch schälen und dazupressen, mit Pfeffer würzen und die Mischung in die Tomaten füllen.
2. Eine ofenfeste Form mit ein wenig Olivenöl ausstreichen und die Tomaten hineinsetzen. Das ausgehöhlte Fruchtfleisch der Tomaten mit einer Gabel zerdrücken und um die Tomaten herum verteilen, leicht salzen und pfeffern. Die Currykraut-Blüten abzupfen und über die Tomatenfüllung verteilen. Mit dem restlichen Öl beträufeln und im heißen Ofen 20–25 Minuten backen. Heiß mit knusprigem Baguette servieren.

CURRYKRAUT (Mittelmeer-Strohblume) ist eine robuste Pflanze für den Gewürzgarten und übersteht auch Frost. Wenn das Currykraut nicht blüht, können Sie auch einige Zweige verwenden. Beim Zerreiben riechen Blüten und Nadeln leicht nach Currypulver, keines von beidem ist aber in der Gewürzmischung enthalten.

LAUCH-MÖHREN-GEMÜSE
mit Dill und Schafskäse

DER SANFT GEDÜNSTETE LAUCH MIT MÖHREN UND REIS FEHLT AUF KEINEM TÜRKISCHEN VORSPEISENBUFFET.

Zutaten für 4 Portionen

- 750 g möglichst dünne Lauchstangen
- 4 Möhren
- 2 EL Olivenöl
- 400 g reife Tomaten
- 2 gehäufte EL Patna-Reis
- Zucker
- Salz
- 1 Bund Dill
- 1 – 2 EL Zitronensaft
- Pfeffer aus der Mühle
- 200 g Feta (Schafskäse)

Zeitbedarf
- 45 Minuten

So geht's

1. Den Lauch putzen, seitlich aufschneiden und gründlich unter fließendem Wasser waschen. Den hellen Teil in etwa 3 cm lange Stücke schneiden. Die Möhren schälen und in dünne Scheiben schneiden. In einem breiten Topf das Olivenöl erhitzen und den Lauch und die Möhrenscheiben bei mittlerer Hitze andünsten, ohne dass sie bräunen.
2. Die Tomaten waschen, halbieren und auf einer Gemüsereibe zum Lauchgemüse reiben. Den Reis einstreuen und etwa 400 ml Wasser dazugießen. Mit 1 guten Prise Zucker und Salz würzen und zugedeckt bei schwacher Hitze etwa 30 Minuten garen, bis das Gemüse weich ist.
3. Den Dill waschen, trocken schütteln und fein schneiden. Unter das Gemüse mischen, mit Zitronensaft, Salz und Pfeffer abschmecken. Den Schafskäse darüber zerbröckeln.

Das Lauchgemüse schmeckt als kleine Mahlzeit mit Fladenbrot.

SO SCHMECKT'S AUCH **Anstelle von Schafskäse die gleiche Menge Halloumi (halbfester Schnittkäse aus Zypern) in ½ cm dicke Scheiben schneiden, mit Küchenpapier gut trocken tupfen und in Olivenöl braten.**

GEMÜSETOPF *aus der Mancha*

DAS GEMISCHTE GEMÜSE WIRD IN DEN HOCHEBENEN VON LA MANCHA IN ZENTRALSPANIEN LANGE IM OFEN GEGART. DIES IST EINE SCHNELLE VERSION.

Zutaten für 4 Portionen

- 1 große Aubergine (ca. 500 g)
- 500 g bunte Paprikaschoten
- 500 g kleine Zucchini
- 2 Zwiebeln
- 3 Knoblauchzehen
- 6 EL Olivenöl
- je 3 Zweige Rosmarin, Thymian, Oregano und Minze
- 100 ml sehr kräftige Gemüsebrühe
- 1 Dose geschälte Tomaten (400 g)
- Salz, Pfeffer aus der Mühle
- 4 hart gekochte Eier
- 5 Stängel Petersilie

Zeitbedarf

- 45 Minuten

So geht's

1. Die Aubergine waschen, putzen und in etwa 2 cm große Würfel schneiden. Die Würfel zwischen Küchenpapier fest ausdrücken [→ a]. Die Paprikaschoten waschen, putzen und ebenso würfeln. Die Zucchini waschen, Enden entfernen und die Zucchini in 2 cm dicke Scheiben schneiden. Die Zwiebeln und den Knoblauch schälen und würfeln.
2. Das Olivenöl in einem großen Schmortopf erhitzen. Die Auberginenwürfel bei mittlerer bis starker Hitze darin rundum nussbraun braten, mit einem Schaumlöffel herausheben und auf Küchenpapier abtropfen lassen. Die Hitze etwas reduzieren und die Zwiebeln und den Knoblauch im Öl goldgelb anbraten. Die Paprikastücke zugeben und etwa 3 Minuten mitbraten. Dann die Zucchini zugeben und alles noch etwa 5 Minuten schmoren.
3. Die Kräuterzweige waschen, mit Küchengarn zusammenbinden [→ b] und unzerteilt zum Gemüse geben. Die Brühe und die Tomaten zugeben, die Auberginenstücke vorsichtig untermischen und alles zugedeckt etwa 15 Minuten bei mittlerer Hitze schmoren. Mit Salz und Pfeffer abschmecken. Die Kräuterzweige entfernen.
4. Die Eier pellen und vierteln. Die Petersilie waschen, trocken schütteln und die Blättchen grob hacken. Die Eier auf dem Gemüse anrichten und die Petersilie darüberstreuen. Mit herzhaftem Weißbrot in dicken Scheiben servieren.

Das Gemüsegericht schmeckt ohne Eier als Beilage zu Lammkoteletts oder Bratwürsten. An heißen Tagen wird es auch kalt gegessen.

DAS IST *wirklich* WICHTIG

[a] AUBERGINEN enthalten viel Wasser. Damit sie schön bräunen, entweder mit Salz bestreuen und etwa 30 Minuten ziehen lassen oder – so geht's schneller – zwischen einer doppelten Lage Küchenpapier mit den Händen fest ausdrücken.

[b] DIE KRÄUTERZWEIGE am besten mit Küchengarn zu einem Bündel verschnüren, dann lassen sie sich nach dem Schmoren leichter entfernen.

HÄHNCHENSCHENKEL
mit Lindenblüten

ENDE MAI BIS ANFANG JUNI BLÜHEN DIE LINDEN. IHR INTENSIVES AROMA WÜRZT DIE GESCHMORTEN HÄHNCHENSCHENKEL ÄUSSERST RAFFINIERT.

Zutaten für 4 Portionen

- 2 Handvoll frische Lindenblüten
- 1 Handvoll zarte Lindenblätter
- 4 große Hähnchenschenkel (à 200 g)
- Salz, Pfeffer aus der Mühle
- 2 EL Mehl
- 2 Schalotten
- 2 Knoblauchzehen
- 4 EL Butter
- 100 ml trockener Weißwein
- 50 ml Geflügelfond
- 150 g Crème fraîche

Zeitbedarf

- 1 Stunde

So geht's

1. Die Lindenblüten nur leicht schütteln, um eventuell vorhandenes Ungeziefer zu entfernen. Zwei Drittel der Blüten in eine Schüssel geben, mit 150 ml kochendem Wasser übergießen und beiseitestellen. Die Lindenblätter waschen und trocknen.
2. Die Hähnchenschenkel waschen, mit Küchenpapier trocken tupfen und die Haut quer im Abstand von 3 cm leicht einritzen [→ a]. Die Hähnchenschenkel mit Salz und Pfeffer einreiben und dünn mit Mehl bestäuben, überschüssiges Mehl abklopfen. Die Schalotten und den Knoblauch schälen, Schalotten sehr fein würfeln.
3. Die Butter in einer großen Schmorpfanne bei mittlerer Hitze aufschäumen lassen. Die Hähnchenschenkel in etwa 10 Minuten rundum hellbraun braten. Dann aus der Pfanne heben. Die Schalottenwürfel im Bratfett glasig dünsten. Den Knoblauch dazupressen und den Lindenblütenaufguss durch ein Sieb dazugießen. Die Hähnchenschenkel wieder in die Pfanne legen und alles zugedeckt bei schwacher Hitze etwa 30 Minuten schmoren. Den Backofen auf 50 °C anheizen.
4. Die Hähnchenschenkel aus der Pfanne heben und mit den restlichen Lindenblüten bestreuen. Im Ofen zugedeckt warm stellen. Den Schmorfond mit Wein aufgießen und offen bei starker Hitze auf die Hälfte der Menge einkochen lassen [→ b]. Durch ein Sieb gießen und wieder zurück in die Schmorpfanne geben. Den Geflügelfond und die Crème fraîche zugeben. Wieder aufkochen und mit Salz und Pfeffer abschmecken. Die Lindenblätter in feine Streifen schneiden und unter die Sauce rühren. Die Hähnchenschenkel auf einer Platte anrichten und mit der Sauce übergießen.

Mit Bandnudeln, Salzkartoffeln oder Butterreis servieren.

DAS IST *wirklich* WICHTIG

[a] DIE HÄHNCHENSCHENKEL leicht einritzen – so kann die Würze der Sauce beim Schmoren besser eindringen – aber nicht bis ins Fleisch hineinschneiden.

[b] DEN SCHMORFOND mit Wein sprudelnd kochen lassen, damit er schnell auf die Hälfte der Menge einkocht, dabei ständig rühren, so verdampft die Flüssigkeit schneller. Erst zum Schluss würzen, weil sich durch das Einkochen die Aromen konzentriert haben.

DAS IST *wirklich* WICHTIG

[a] DIE SCHNITZELCHEN nach dem Belegen vorsichtig mit der flachen Seite des Fleischklopfers oder mit der Klinge eines Fleischbeils gleichmäßig dünn klopfen. So bleibt der Schinken auf dem Fleisch kleben und die Schnitzel verziehen sich nicht beim Braten.

[b] ERST DIE PFANNE, dann das Öl darin so stark erhitzen, dass deutlich Schlieren im Öl zu sehen sind; das Öl darf aber nicht rauchen. Dann erst die Butter zugeben, aufschäumen lassen und die Schnitzel einlegen. So gelangt der Geschmack von Öl und Butter am besten ans Fleisch.

[a]

DIE BUTTER IM SEHR HEISSEM ÖL AUFSCHÄUMEN LASSEN.

[b]

KALBSSCHNITZELCHEN *mit Salbei und Schinken*

DER ITALIENISCHE KLASSIKER „SALTIMBOCCA", WAS SO VIEL WIE „SPRING IN DEN MUND" BEDEUTET, WIRD HIER MIT ZITRONENBUTTER NOCH RAFFINIERTER ZUBEREITET.

Zutaten für 4 Portionen

- 1 Bio-Zitrone
- 1 Zweig Thymian
- 75 g weiche Butter
- 4 dünne Kalbsschnitzel (à 125 g; ersatzweise Putenschnitzel)
- 8 große frische Salbeiblätter
- 4 dünne Scheiben Parmaschinken
- Salz, Pfeffer aus der Mühle
- 1 EL Mehl
- 2 EL Olivenöl

Zeitbedarf

- 35 Minuten

So geht's

1. Die Zitrone heiß waschen und abtrocknen. Etwa 1 TL Schale abreiben und 1 EL Saft auspressen. Den Thymian waschen, die Blättchen abzupfen und hacken. 50 g Butter in eine Schüssel geben. Die Zitronenschale, den Zitronensaft und den Thymian mit einer Gabel untermischen, beiseitestellen. Die Teller im Backofen bei 50 °C vorwärmen.
2. Die Schnitzel mit Küchenpapier trocken tupfen und quer halbieren. Die Salbeiblätter mit Küchenpapier abwischen. Die Schinkenscheiben ebenfalls quer halbieren. Die Schnitzelhälften mit jeweils 1 Salbeiblatt und einem Schinkenstück belegen. Die Schnitzel vorsichtig dünn klopfen [→ a]. Auf den unbelegten Seiten mit Salz und Pfeffer würzen. Rundum dünn mit Mehl bestreuen, überschüssiges Mehl abklopfen.
3. Eine große Pfanne stark erhitzen. Das Öl darin heiß werden lassen, die restlichen 25 g Butter zugeben und aufschäumen lassen [→ b]. Die Schnitzel einlegen und auf jeder Seite etwa 2 Minuten braten. Die Pfanne vom Herd nehmen und die Schnitzel auf die vorgewärmten Teller verteilen. Das Bratfett aus der Pfanne gießen und die Zitronenbutter darin zerlassen. Über die Schnitzel träufeln und mit Salzkartoffeln oder knusprigem Ciabattabrot servieren.

Die Variante

Toskanische Hacksteaks
500 g Hackfleisch (von Kalb oder Rind) mit 2 EL Ricotta, Salz, Pfeffer und gehacktem Thymian vermischen. Aus dem Fleischteig flache Hacksteaks formen und mit jeweils 1 frischen Lorbeerblatt und 1 Stück Schinken belegen. Die Hacksteaks wie links im Rezept beschrieben in einer Öl-Butter-Mischung bei mittlerer Hitze etwa 7 Minuten pro Seite braten.

GEBACKENE HOLUNDERBLÜTEN *mit Apfelschaum*

NACH ALTEM VOLKSGLAUBEN SOLLEN DIE KNUSPRIG FRITTIERTEN HOLUNDERBLÜTENDOLDEN VOR FIEBER UND ERKÄLTUNGEN SCHÜTZEN.

Zutaten für 4 Portionen

- 12 Holunderblütendolden
- 175 g Mehl
- Salz
- 1 TL abgeriebene Bio-Zitronenschale
- 225 ml Sekt (ersatzweise sprudelndes Mineralwasser)
- 4 Eier (Größe L)
- 750 g Äpfel (z. B. Golden Delicious)
- 4 EL Zucker
- ca. 500 g Butterschmalz zum Frittieren
- 4 EL Puderzucker zum Bestäuben

besonderes Werkzeug

- Fritteuse oder breiter Topf zum Ausbacken

Zeitbedarf

- 45 Minuten

So geht's

1. Die Holunderblütendolden nur leicht ausschütteln und auf Küchenpapier auslegen [→ a]. Das Mehl mit 1 Prise Salz und der Zitronenschale in eine Schüssel geben und nach und nach mit etwa 175 ml Sekt verrühren. 3 Eier trennen, die Eigelbe und 1 ganzes Ei zum Teig geben und unterrühren. Die Eiweiße beiseitestellen. Den Teig etwa 20 Minuten quellen lassen.
2. Für den Apfelschaum die Äpfel schälen, vierteln und die Kerngehäuse herausschneiden. 2 Äpfel fein reiben, die übrigen in kleine Stücke schneiden. In einem Topf mit hellen Innenwänden 2 EL Zucker mit ein paar Tropfen Wasser anfeuchten und bei mittlerer Hitze leicht karamellisieren. Die geriebenen Äpfel und knapp 100 ml Wasser zugeben, die Apfelstücke einrühren und zugedeckt bei schwacher Hitze in etwa 10 Minuten leicht musig kochen. Die Eiweiße mit 2 EL Zucker weich-cremig schlagen [→ b].
3. Die Äpfel vom Herd nehmen und offen etwas abkühlen lassen. Den Eischnee mit dem Schneebesen locker unterheben. Den restlichen Sekt unter den Teig rühren.
4. In der Fritteuse oder in einem breiten Topf das Butterschmalz auf etwa 170 °C erhitzen [→ c]. Die Holunderdolden in den Teig eintauchen, überschüssigen Teig abtropfen lassen und die Dolden im siedenden Fett in 2–3 Minuten hellbraun ausbacken. Herausheben und auf Küchenpapier entfetten. Mit Puderzucker bestäuben und gleich heiß mit dem Apfelschaum servieren.

SO SCHMECKT'S AUCH **Mit diesem Ausbackteig, eventuell mit etwas weniger Flüssigkeit angerührt, lassen sich auch weniger zarte gut getrocknete Blätter wie Salbei, Borretsch oder Sauerampfer knusprig frittieren.**

DAS IST *wirklich* WICHTIG

[a] HOLUNDERBLÜTEN sind kurz vor dem vollständigen Aufblühen am aromatischsten. Beim Waschen verlieren sie aber ihren Geschmack, deshalb nur vorsichtig ausschütteln, um Ungeziefer zu entfernen.

[b] DIE EIWEISSE sollen nur so fest geschlagen werden, dass sie noch cremig vom Schneebesen tropfen. Dann zügig und nicht zu gründlich unter das Apfelmus mischen, es soll schön luftig werden.

[c] DAS BUTTERSCHMALZ hat die richtige Temperatur, wenn an einem eingetauchten Holzlöffelstiel oder einem Holzspießchen kräftig Bläschen aufsprudeln. Steigen sie nur träge auf, ist das Fett nicht heiß genug.

[b]

[c]

KIWI-GRÜTZE
mit Waldmeister

DIE GRÜNE GRÜTZE SIEHT MIT DEN SCHWARZEN KERNCHEN DER KIWIS BESONDERS DEKORATIV AUS.

Zutaten für 4 Portionen

- 1 Bund Waldmeister
- 300 ml Weißwein (ersatzweise Apfelsaft)
- 4 Kiwis
- 40 g Zucker
- 2 EL Speisestärke
- 200 g Sahnejoghurt
- 2 TL flüssiger Honig

Zeitbedarf

- 30 Minuten + 30 Minuten ruhen + 4 – 6 Stunden trocknen

So geht's

1. Den Waldmeister waschen und 4 – 6 Stunden antrocknen lassen, nur so entwickelt sich sein feines Vanillearoma. In den Weißwein legen und etwa 30 Minuten ziehen lassen.
2. Die Kiwis schälen, den harten Strunk entfernen und die Kiwis in ganz kleine Stücke schneiden. In einen Topf geben und mit dem Zucker bestreuen. Den Waldmeister-Wein durch ein Sieb dazugießen. Alles aufkochen und 10 Minuten sanft köcheln lassen.
3. Die Speisestärke mit ½ Tasse kaltem Wasser (etwa 75 ml) anrühren, zur Grütze gießen und einmal aufkochen lassen. Die Grütze auf Dessertschälchen verteilen und abkühlen lassen.
4. Vor dem Servieren den Sahnejoghurt mit dem Honig glatt und cremig rühren und jeweils einen Klecks auf die Grütze geben.

ORANGEN-APFEL-SALAT
mit Orangenminze

DIESER ERFRISCHENDE SALAT SCHMECKT NICHT NUR ALS DESSERT, SONDERN AUCH ALS BEILAGE.

Zutaten für 4 Portionen

- 3 Orangen
- 2 Äpfel (z.B. Braeburn oder Cox Orange)
- 2 Stängel Orangenminze (ersatzweise Zitronenmelisse)
- 3 EL Zucker
- 50 ml Weißwein
- 1 EL Zitronensaft

Zeitbedarf
- 30 Minuten

So geht's

1. Die Orangen mit einem scharfen Messer so tief bis ins Fruchtfleisch schälen, dass auch die weiße Haut entfernt wird. Die Fruchtspalten zwischen den Trennhäuten herausschneiden, dabei den Saft auffangen. Die Orangenspalten quer halbieren. Die Äpfel waschen, schälen und vierteln. Die Kerngehäuse entfernen und die Apfelviertel in feine Scheiben schneiden.
2. Die Orangenminze waschen und trocken schütteln. Die Blättchen abzupfen und in feine Streifen schneiden. Die Obststücke mit den Minzestreifen, dem Zucker, Weißwein und Zitronensaft vermischen, den aufgefangenen Orangensaft dazugeben. Auf Dessertschüsselchen verteilen.

Wer es üppiger mag, serviert leicht gesüßte, halb steif geschlagene Sahne dazu.

DIESER ORANGENSALAT wurde schon vor etwa 100 Jahren zubereitet, aber nicht als Dessert, sondern als winterlicher Beilagensalat zu Wild und Schmorbraten. Statt mit Orangenminze schmeckt er auch mit Gewürztagetes, deren leuchtend orangefarbene Blüten auch eine hübsche Garnierung dafür abgeben.

VERWÖHNEN

Für Gäste und fürs Wochenende

FRISCHEN FISCH MARINIEREN, BUNTES GEMÜSE RAFFINIERT ZUBEREITEN, EINE LAMMKEULE MIT KRÄUTERN BRATEN. SCHON DIE VORBEREITUNG WIRD ZUM GENUSS.

SÜSSE KRÄUTER *und Blüten*

VIELE BLÜTEN UND MANCHE PFLANZEN HABEN EINE AROMATISCHE SÜSSE, DIE GUT ZU DESSERTS PASST. KINDER SAUGEN GERN DIE BLÜTENKELCHE DER TAUBNESSEL AUS UND GENIESSEN DEN ZARTSÜSSEN GESCHMACK. DER ZUCKERREICHE NEKTAR IST EIN GESCHICKTER TRICK DER NATUR, UM BIENEN UND INSEKTEN ZUR BESTÄUBUNG IN DIE BLÜTEN ZU LOCKEN.

DUFTPELARGONIEN

Ein süßes Aroma haben aber auch Pflanzen wie Duftpelargonien, die in fast unendlich vielen Noten von Ananas bis Zimt duften. Die meisten Arten haben stark gekerbte, grobe Blätter, die beim Zerreiben einen intensiven Duft verströmen. Alle sind mehrjährig und können leicht vermehrt werden: junge Triebe abbrechen, in einen Topf mit lockerer Erde stecken und feucht halten, sie bilden rasch Wurzeln. Im Sommer mögen sie einen sonnigen Platz auf Terrasse oder Balkon, im Winter einen hellen Fensterplatz. So können das ganze Jahr frische Blätter geerntet werden, denn sie eignen sich nicht zum Trocknen. Sie würzen ähnlich, wie sie riechen, und passen gut zu exotischen Salaten, zu Desserts und Konfitüren.

TAGETES

Dekorativ und duftreich zugleich sind die Gewürztagetes, die es in verschiedenen Duft- und Geschmacksrichtungen gibt. Sie sind leicht zu ziehen, mögen lockere Erde ohne Staunässe und einen sonnigen Platz im Garten oder auf der Fensterbank. Ihre Blätter und Blüten würzen Frischkäse, Salate, Geflügel, Bowlen und süße Gerichte mit einer zitrusfruchtigen Note.

ZITRONENVERBENE

Ebenfalls zitrusartig-süß schmecken die Blätter der Zitronenverbene, die schon lange in Griechenland als Teekraut und Süßspeisengewürz geschätzt wird. Sie gedeiht am besten in einem großen Topf mit magerer Erde an einem sonnigen Platz. Öfter zurückschneiden und hell und frostfrei überwintern. Frische Blätter fein schneiden und Fisch und Meeresfrüchte, Steinpilze, Liköre und Desserts damit würzen.

ZITRONEN- UND GOLDMELISSE

Noch zwei Pflanzen bezaubern mit zitronigem Duft: die Zitronenmelisse und die verwandte Goldmelisse. Die duftenden Blüten ziehen viele Bienen an, worauf schon der Name hinweist: „Melissa" heißt die Honigbiene auf Griechisch. Melisse steckt nicht nur im Melissengeist, die frischen Blätter würzen Salate, Wild- und Pilzgerichte, Liköre, Konfitüren, Bowlen und Desserts, zu denen ein feines Zitronenaroma passt.

HUFLATTICH, WALDMEISTER UND VEILCHEN

Auch unter unseren heimischen Wildkräutern gibt es süß-aromatische Vertreter: im zeitigen Frühjahr die Huflattichblüten mit ihrem leicht honigartigen Duft, kurz danach sprießt der Waldmeister in schattigen Buchenwäldern und würzt leicht angetrocknet Bowlen und Saucen mit Wildkräutern mit einem kräftigen Vanille-Muskat-Aroma. Die Blüten des wohlriechenden Veilchens finden nicht nur kandiert auf Torten und Desserts Verwendung, sie schmücken auch kalte Gerichte und Salate.

HOLUNDER

Ab Mai verströmen die Holunderblüten ihren süß-würzigen Duft und werden vor allem in Teig getaucht und als „Hollerküchle" ausgebacken. Die getrockneten Blüten ergeben aber auch einen sehr wohlschmeckenden Tee.

MÄDESÜSS

Das Mädesüß, das häufig im Uferbereich von Seen und Gräben zu finden ist und von Juni bis August seine lockeren, gelblich-weißen Blütenrispen bildet, duftet leicht süßlich nach Mandeln und Vanille. Mit frischen oder auch getrockneten Blüten lassen sich Kompotte, Säfte, Bowlen und Konfitüren aromatisieren. In Skandinavien setzte man die Blüten dem Met, dem Honigwein, als Würze zu, daher der Name „Met-Süße" oder „Mädesüß".

DAS IST *wirklich* WICHTIG

[a] VEILCHENBLÜTEN am besten an einem schönen Tag am späten Vormittag an unbelasteten Stellen sammeln. Und nur echte, wohlriechende Veilchen nehmen. Die hellvioletten Hundsveilchen sind geruchlos und geben kein Aroma.

[b] DER WEISSWEIN sollte kein zu ausgeprägtes Aroma haben, damit er nicht den Veilchenduft überdeckt. Am besten eignet sich ein Weißburgunder oder ein Silvaner.

VEILCHEN-BOWLE

mit weißem Rum

EINE ERFRISCHENDE BOWLE MIT DEM HINREISSENDEN DUFT NACH VEILCHEN. LEIDER GIBT ES DIE BLÜTEN NUR GANZ KURZE ZEIT IM JAHR.

Zutaten für 4 Gläser

- 2 Tassen Veilchenblüten (ca. 20 g)
- 2 EL weißer Zucker
- 100 ml weißer Rum (ersatzweise Wodka)
- 2 EL Zitronensaft
- 400 ml trockener Weißwein
- ½ l eiskalter trockener Sekt

Zeitbedarf

- 15 Minuten + 2 Stunden ruhen

So geht's

1. Die Veilchenblüten [→ a] verlesen und die Stängelansätze abzwicken. 4 Blüten zum Garnieren beiseitelegen, die übrigen in ein Bowlengefäß geben und gleichmäßig mit Zucker bestreuen. Den weißen Rum und den Zitronensaft darübergießen, das Gefäß abdecken und die Blüten etwa 1 Stunde ziehen lassen.
2. Den Weißwein [→ b] aufgießen und alles umrühren, bis sich der Zucker aufgelöst hat. Nochmals abgedeckt 1 Stunde ziehen lassen.
3. Den gut gekühlten Sekt vorsichtig aufgießen und die Bowle durch ein Sieb auf Gläser verteilen. Jedes Glas mit einer frischen Veilchenblüte dekorieren.

Die Variante

Erdbeer-Bowle mit Minze
Für 6–8 Portionen 3 Stängel Pfefferminze waschen und trocken schütteln. Die Spitzen abzupfen und beiseitelegen, den Rest mit 3–4 EL Zucker in ein Bowlengefäß geben. 1 Flasche trockenen Weißwein dazugeben und den Ansatz etwa 30 Minuten ziehen lassen, dabei ab und zu umrühren. 350 g kleine Erdbeeren waschen, abtropfen lassen, die Blätter entfernen und die Erdbeeren halbieren. Die Minze herausnehmen, die Pfefferminzspitzen und die Erdbeeren hineingeben. 1 Flasche Weißwein, 1 Flasche eiskalten trockenen Sekt und 10 Eiswürfel dazugeben. Die Bowle bald servieren.

SO SCHMECKT'S AUCH Auf die gleiche Weise lässt sich aus duftenden Rosenblüten eine Rosen-Bowle ansetzen. Aber nur ungespritzte Duftrosen aus dem Garten nehmen. Auch Holunderblüten geben ein sehr duftiges Aroma, entweder 3 ganze Dolden für den Ansatz nehmen oder nur die Blüten abzupfen, dann wird die Bowle weniger herb.

PFEFFERMINZ-GRANITA
für heiße Tage

DIE SÜSSE GRANITA WIRD VOR ALLEM AUF SIZILIEN ZU FAST JEDER TAGESZEIT ALS KÜHLENDE ERFRISCHUNG GEGESSEN.

Zutaten für 4 Portionen

- 5 Stängel Pfefferminze
- 85 g Zucker
- 1 EL Zitronensaft
- 1 EL Pfefferminzlikör oder Wiesenkräuterbitter (siehe Seite 26)
- 125 g kalte Sahne

Zeitbedarf

- 40 Minuten + 2 Stunden gefrieren

So geht's

1. Die Pfefferminze waschen und trocken schütteln. Die Spitzen abzupfen und beiseitelegen. Die übrigen Stängel und Blätter etwas zerschneiden und in eine Schüssel geben. Mit einem Löffel grob zerdrücken und zerreiben.
2. In einem Topf 75 g Zucker mit ¼ l Wasser unter Rühren erhitzen, bis sich der Zucker aufgelöst hat. Den Zitronensaft dazugeben und die Mischung etwa 1 Minute kräftig sprudelnd kochen lassen. Über die klein geschnittene Minze gießen und etwa 15 Minuten ziehen lassen.
3. Den Pfefferminzsirup durch ein feines Sieb gießen und mit dem Pfefferminzlikör vermischen. Den Sirup in eine Metallschale füllen und ins Tiefkühlgerät stellen. Die Masse etwa alle 30 Minuten mit einem Schneebesen oder einer Gabel kräftig durchrühren, damit sich keine großen Eiskristalle bilden.
4. Wenn die Masse weiß-cremig wie feuchter Schnee ist, ist sie ausreichend durchgefroren. Noch einmal kräftig durchrühren und wieder ins Gefriergerät stellen. Die kalte Sahne mit den restlichen 10 g Zucker halb steif schlagen. Die Granita mit einem Löffel aus der Schale kratzen und auf Gläser verteilen. Die geschlagene Sahne darübergeben und die Granitas mit den Pfefferminzspitzen garniert servieren.

ZWISCHENGANG Das leicht körnige kühlende Wassereis wird auch gerne bei einem Menü als Erfrischung zwischendurch gereicht, dann aber ohne Sahne. Wird die fertige Granita nicht gleich serviert, mit Frischhaltefolie abdecken und im Gefrierfach aufheben. Zum Servieren leicht antauen lassen und im Blitzhacker so lang zerkleinern, bis die Masse die Konsistenz von leicht gefrorenem Schnee hat.

MOJITO
mit Pfefferminze

FÜR IHR NATIONALGETRÄNK NEHMEN DIE KUBANER EINEN LEICHTEN RUM, HELLEN ROHRZUCKER UND GANZE EISWÜRFEL.

Zutaten für 4 Gläser

- 4 Stängel Pfefferminze
- 2 Bio-Limetten
- 8 TL heller feiner Rohrzucker
- 16 cl heller kubanischer Rum
- 8 Eiswürfel
- Sodawasser zum Aufgießen

Zeitbedarf

- 10 Minuten

So geht's

1. Die Pfefferminze waschen und trocken schütteln. Die Blättchen abzupfen, die Spitzen dabei ganz lassen zum Garnieren. Die Limetten heiß waschen, abtrocknen und vierteln.
2. Den Zucker auf vier mittelgroße Gläser verteilen. Die Limettenviertel über dem Zucker auspressen, dann die Viertel in die Gläser geben. Die Pfefferminzblätter dazugeben und alles mit dem Stößel oder einem stabilen Löffel leicht zerdrücken.
3. Den Rum und die Eiswürfel dazugeben, kurz umrühren und mit Sodawasser aufgießen. Mit den Pfefferminzspitzen garnieren und servieren.

SO SCHMECKT'S AUCH Für Rum Martinique 12 Blättchen Zitronenverbene grob zerschneiden, mit 2 EL braunem Rohrzucker, 4 EL Zitronensaft und 12 Eiswürfeln in einen Shaker geben und kräftig schütteln, bis sich der Zucker aufgelöst hat. Je 2 cl weißen Rum in vier Gläser geben und die Zitronenverbene-Mischung durch ein Barsieb darübergießen. Den Drink mit Zitronenverbene garnieren.

SCHNITTLAUCH-FLAN
mit Basilikum-Tomaten

DIE KLEINEN PIKANTEN TÖRTCHEN WERDEN IM WASSERBAD SANFT GEGART UND MIT EINER KALTEN TOMATENSAUCE ALS VORSPEISE SERVIERT.

Zutaten für 4 Portionen

- 250 g Quark (20 % Fett)
- 1 Handvoll Schnittlauch
- 3 Stängel frischer Oregano
- 2 Eier
- Salz, Pfeffer aus der Mühle
- Fett für die Förmchen
- 500 g reife Tomaten
- 1 Handvoll Basilikum
- 3 EL Olivenöl extra nativ
- 2 EL Zitronensaft

besonderes Werkzeug
- 4 ofenfeste Förmchen (à 150 ml)

Zeitbedarf
- 45 Minuten

So geht's

1. Vom Quark – falls vorhanden – die Flüssigkeit abgießen. Den Quark in eine Schüssel geben. Die Kräuter waschen und gut trocken schütteln. Den Schnittlauch in feine Röllchen schneiden, die Oreganoblätter abzupfen und fein hacken. Die Eier trennen und die Eigelbe mit den gehackten Kräutern unter den Quark rühren. Die Eiweiße mit 1 Prise Salz mit dem Schneebesen zu einem cremigen, nicht zu festen Schnee schlagen [→ a]. Den Eischnee unter den Quark heben und die Mischung mit Salz und Pfeffer abschmecken.
2. Die Förmchen gut ausfetten und die Quarkmasse darauf verteilen, die Förmchen sollen zu zwei Dritteln gefüllt sein. Die Förmchen mit Frischhaltefolie abdecken und in einen breiten Topf stellen. Vorsichtig so viel heißes Wasser einfüllen, dass die Förmchen bis zur Höhe der Quarkmasse im Wasser stehen. Den Deckel auflegen und die Quarkmasse im Wasserbad bei schwacher Hitze in etwa 25 Minuten garen [→ b].
3. Inzwischen die Tomaten kurz mit kochendem Wasser überbrühen, abschrecken, häuten und entkernen. Das Fruchtfleisch ohne Stielansätze mit einem scharfen Messer fein hacken. Die Basilikumblätter abzupfen, mit Küchenpapier abreiben und klein zupfen. Die Tomatenwürfel mit Basilikum, Olivenöl, Salz, Pfeffer und dem Zitronensaft verrühren.
4. Die gegarten Flans [→ c] aus dem Topf heben, kurz abkühlen lassen und den Rand mit einem spitzen Messer rundum lösen. Auf Teller stürzen und die Tomatensauce um die Flans herum verteilen.

b]

DAS IST *wirklich* WICHTIG

[a] DEN EISCHNEE für die Flans nicht zu steif schlagen, sondern eher weich-fließend, sodass die Masse beim Garen nur etwas gelockert wird, aber nicht zu sehr aufgeht. Deshalb am besten mit dem Schneebesen schlagen, so lässt sich die Konsistenz besser beurteilen.

[b] BEIM GAREN der Förmchen im Wasserbad darauf achten, dass das Wasser nicht kocht, sondern nur ganz leise siedet, sonst plustert sich die Masse zu sehr auf.

[c] DIE FLANS SIND GAR, wenn sie beim Antupfen mit einem Löffelrücken einen elastisch-festen Widerstand bieten. Die Flans etwas abkühlen lassen, dabei zieht sich die Eiermasse zusammen. Damit sie sich leichter stürzen lassen, den Rand mit einem spitzen Messer rundum lösen.

BRENNNESSEL-PASTETCHEN
mit Ziegenkäse

EINE WARME VORSPEISE, DIE AUCH ANSPRUCHSVOLLEN GÄSTEN SCHMECKT. DAS ETWAS HERBE WILDGEMÜSE WIRD DURCH APFEL UND SAHNE MILDER.

Zutaten für 4 Portionen

- 2 rechteckige Scheiben TK-Blätterteig
- 400 g zarte Brennnesselblätter
- Salz
- 2 Knoblauchzehen
- 1 süßer Apfel (z. B. Braeburn)
- 3 EL Butter
- 100 g Sahne
- frisch geriebene Muskatnuss
- 100 g Ziegenkäserolle
- 1 Eigelb zum Bestreichen

besonderes Werkzeug

- Gummihandschuhe
- 4 ofenfeste Förmchen (à 200 ml)

Zeitbedarf

- 50 Minuten

So geht's

1. Die Blätterteigscheiben auslegen und auftauen lassen. Gummihandschuhe anziehen und die Brennnesselblätter gründlich waschen, harte Stiele entfernen [→ a]. Reichlich Wasser aufkochen und salzen und die Blätter darin etwa 5 Minuten überbrühen. In ein Sieb abgießen, mit kaltem Wasser abschrecken und abtropfen lassen [→ b]. Den Backofen auf 220 °C (Umluft 200 °C) vorheizen.
2. Den Knoblauch schälen und fein hacken. Den Apfel schälen, vierteln und das Kerngehäuse herausschneiden. Die Apfelviertel klein würfeln. Die Förmchen mit 1 EL Butter ausstreichen. Die restliche Butter in einer Pfanne zerlassen, Knoblauch- und Apfelwürfel darin kurz andünsten. Die Brennnesselblätter dazugeben, die Sahne angießen und bei mittlerer Hitze 2–3 Minuten kochen lassen. Die Masse mit Salz und Muskat würzen und auf die Förmchen verteilen.
3. Den Ziegenkäse in vier Scheiben schneiden und 1 Scheibe in jedes Förmchen legen. Die Blätterteigscheiben quer halbieren, auf die Förmchen legen und die Ecken nach innen klappen [→ c]. Das Eigelb mit ein paar Tropfen Wasser verrühren und den Blätterteig damit bestreichen. Die Pastetchen im heißen Ofen (Mitte) etwa 20 Minuten backen, bis der Teig schön gebräunt ist. Heiß servieren.

DAS IST *wirklich* WICHTIG

[a] BRENNNESSELN gründlich waschen und nur die zarten Blätter nehmen. Sorgfältig die harten, zähen Stiele entfernen, sie bleiben sonst zwischen den Zähnen hängen.

[b] DIE ZARTEN BLÄTTER nach dem Überbrühen mit kaltem Wasser überbrausen, so bleiben sie schön grün.

[c] DEN BLÄTTERTEIG quer halbieren, sodass man quadratische Teigstücke erhält. Auf die Förmchen legen und die Ecken so zur Mitte hin falten, dass die Teigspitzen gerade aneinanderstoßen. So sehen sie nach dem Backen wie Kissen aus.

DIE MALVE
Heilsames Gemüse

HEILWIRKUNG

Neben der wilden Malve (botanisch *Malva sylvestris*) gibt es weitere Malvengewächse wie die niederliegend wachsende Wegmalve mit helleren Blüten und die gern in Gärten angebaute Moschus- und Rosenmalve. Der Name „Malve“ kommt vom griechischen „malakos“ – weich, besänftigend – und verweist auf die reizmildernden, schützenden Eigenschaften in Mund, Rachen, Magen und Darm. Auch die volkstümlichen Namen verraten einiges über ihre Eigenschaften: Käsepappel, Käslikraut, Nüsserli. Wie kleine Käselaibe sehen die Früchte aus, die von Kindern gern roh gegessen werden. Vorher die etwas pelzigen Hüllblätter abziehen, dann schmecken die Früchte fast wie Nüsse oder süße Hefebrötchen. Das Wort „Pappel“ steht für „Papp“, für Kinderbrei, denn ehe es Babynahrung in Gläschen gab, wurde aus den Früchten ein milder Brei gekocht. Der Name „Kraut“ (vom althochdeutschen Wort „krut“) bezeichnet nützliche Blattgemüse, das Gegenteil ist „Unkraut“.

Also ist die Malve zugleich Gemüse, Nutz- und Heilpflanze. Sie wurde schon in der Antike angebaut. Karl der Große ließ sie in den kaiserlichen Gärten ziehen und Hildegard von Bingen empfahl sie u.a. gegen Müdigkeit, Kopfschmerzen und Nierenbeschwerden. Die Wurzeln wurden im Herbst ausgegraben, gebürstet und Kindern zum Kauen gegeben, das stärkt das Zahnfleisch und schützt vor Erkältung.

TRADITION

In ländlichen Gebieten Bayerns gehört die Malve auch in den „Wurzbüschel“, ein Bund aus Heilkräutern, Blumen aus dem Garten und duftenden Pflanzen, die an Maria Himmelfahrt, dem 15. August, in der Kirche geweiht und dann getrocknet werden. In der Bauernstube unter dem Kruzifix aufgehängt soll der Wurzbüschel vor Krankheiten bei Mensch und Vieh, Blitzschlag und Ungemach schützen. An besonderen Tagen wurde auch das Essen mit einer Prise dieser Kräuter gewürzt.

MALVE IN DER KÜCHE

Heute mögen Wildkräuterfreunde die jungen Blätter, die mild-gemüsig und ein wenig sämig schmecken, in Salaten, um herbe und bittere Wildkräuter im Geschmack zu mildern. Die etwas kräftigeren Blätter lassen sich als Wildgemüse zubereiten und binden Suppen und Brühen. Mit den Blüten werden Vorspeisen und Desserts dekoriert, die grünen Früchte sind roh oder kurz in heißem Öl geschwenkt eine nussige Ergänzung zu allen Salaten, wenn vorher die leicht pelzigen Hüllen abgezogen werden.

FRISCHER MALVEN-KALTAUFGUSS: **1 gute Handvoll Malvenblätter und -blüten zerkleinern, mit 1 Liter kaltem Wasser übergießen und abgedeckt über Nacht stehen lassen. Absieben und schluckweise bei rauem Hals, Heiserkeit, Schnupfen oder Magen-Darm-Entzündung trinken.**

GEKRÄUTERTE AUSTERNPILZE
mit Zitronenverbene

DIE GEBRATENEN PILZE WERDEN WARM MIT EINER KALTEN OLIVENÖL-KRÄUTER-SAUCE SERVIERT.

Zutaten für 4 Portionen

- 500 g Austernpilze
- 4 Stängel Zitronenverbene
- 3 Stängel Petersilie
- 2 Stängel Oregano
- 2 Knoblauchzehen
- 2 EL Zitronensaft
- Salz, Pfeffer aus der Mühle
- 6 EL Olivenöl extra nativ

Zeitbedarf
- 35 Minuten

So geht's

1. Die Austernpilze mit einem kleinen Messer und mit Küchenpapier säubern und putzen, die harten Stielenden abschneiden. Die Kräuter waschen und trocken schütteln. Die Blättchen von der Zitronenverbene abzupfen, in Streifen schneiden und beiseitelegen. Petersilien- und Oreganoblätter abzupfen, fein hacken und in ein Schüsselchen geben.
2. Den Knoblauch schälen und zu den gehackten Petersilien- und Oreganoblättern pressen. Den Zitronensaft dazugeben und die Mischung mit Salz und Pfeffer würzen, 3 EL Olivenöl mit einer Gabel unterschlagen.
3. In einer großen Pfanne die restlichen 3 EL Olivenöl erhitzen und die Austernpilze bei mittlerer Hitze auf beiden Seiten hellbraun braten. Die Zitronenverbene dazugeben und die Pilze mit Salz und Pfeffer würzen. Die Pilze auf Teller verteilen und mit der Kräutersauce beträufeln, gleich servieren.

Dazu schmeckt knuspriges Baguette oder Ciabatta.

MÜRBETEIGPASTETCHEN
mit Ziegenkäse und Huflattichblüten

DIE KLEINEN PASTETCHEN AUS LOCKEREM BUTTERTEIG SIND MIT EINER BLÜTENSAHNE GEFÜLLT UND MIT KÄSE ÜBERBACKEN.

Zutaten für 4 Portionen

- 150 g Mehl
- Salz
- ½ TL Trockenhefe
- 75 g Quark
- 100 g kalte Butter
- 1 Eigelb
- 2 Handvoll Huflattichblüten
- 1 Schalotte
- 100 g Sahne
- Pfeffer aus der Mühle
- frisch geriebene Muskatnuss
- Mehl für die Arbeitsfläche
- 4 Scheiben Ziegenkäse (Rolle)

besonderes Werkzeug
- 4 Pastetenförmchen (à 175 ml)

Zeitbedarf
- 40 Minuten + 1 Stunde ruhen

So geht's

1. Für den Teig das Mehl mit 1 Prise Salz und der Hefe vermischen. Diese Mischung mit Quark, 75 g kalter Butter in Flöckchen und dem Eigelb mit den Händen rasch zu einem Teig vermischen und nur so lange kneten, bis keine Quark- und Butterstückchen mehr zu sehen sind, sonst wird der Teig zäh. In Frischhaltefolie wickeln und etwa 1 Stunde im Kühlschrank ruhen lassen.
2. Für die Füllung die Huflattichblüten kurz in stehendem Wasser waschen, gut abtropfen lassen. Die Schalotte schälen und fein hacken. Die restlichen 25 g Butter erhitzen und die Schalotte darin hellgelb dünsten. Die Huflattichblüten zugeben und kurz anbraten. Die Sahne dazugießen und um etwa ein Drittel einkochen lassen. Mit Salz, Pfeffer und Muskat würzen. Beiseitestellen.
3. Den Backofen auf 220 °C (Umluft 200 °C) vorheizen. Vom kalten Teig jeweils ein eigroßes Stück abschneiden und auf wenig Mehl rasch dünn ausrollen. Die Förmchen damit auslegen. Den Teigboden mit einer Gabel mehrmals einstechen und den Teig im heißen Ofen etwa 10 Minuten backen, bis die Teigränder goldgelb sind. Die Füllung hineingeben, jeweils eine Scheibe Ziegenkäse darauflegen und die Pastetchen in weiteren 10 Minuten fertig backen. Warm servieren.

Die Variante

Ricotta-Zitronenmelisse-Füllung
200 g Ricotta mit 1 Ei, Salz, Pfeffer und 2 EL fein gehackter Zitronenmelisse verrühren. Den Teig vorbacken wie im Rezept beschrieben und die Füllung darauf verteilen. Mit etwas frisch geriebenem Parmesan bestreuen und in 10 Minuten fertig backen.

ARTISCHOCKEN

in provenzalischem Kräutersud

FÜR DIESES „FINGERFOOD" EIGNEN SICH BESONDERS DIE GROSSEN ARTISCHOCKEN AUS FRANKREICH, DIE IM HERBST AUF UNSERE MÄRKTE KOMMEN.

Zutaten für 4 Portionen

- 4 große Artischocken
- 1 Bund provenzalische Kräuter (Basilikum, Bohnenkraut, Estragon, Oregano, Rosmarin, Thymian, etwas Salbei und Ysop)
- 1 Stück Bio-Orangenschale (ca. 5 cm)
- Salz
- 200 g Tomaten
- 2 Schalotten
- 2 Knoblauchzehen
- 3 EL mildes Olivenöl
- 200 ml Weißwein
- 1 TL frische Lavendelblüten (ersatzweise getrocknete)
- Pfeffer aus der Mühle

Zeitbedarf

- 1 Stunde

So geht's

1. Die Artischocken unter fließendem Wasser abspülen. Die Stängel abbrechen und die harten Blattspitzen mit einer Schere etwas kürzen [→ a]. Die Kräuter waschen und etwa 2 EL Blättchen abzupfen, fein schneiden und beiseitelegen. Die Kräuterstängel mit der Orangenschale zu einem Bündel verschnüren und in einen Topf geben. Die Artischocken mit den Böden nach oben daraufsetzen, gut mit Wasser bedecken, nur leicht salzen [→ b] und zugedeckt bei mittlerer Hitze etwa 45 Minuten garen, dabei die Artischocken ab und zu umdrehen.
2. Inzwischen für die Sauce die Tomaten mit kochendem Wasser überbrühen, kalt abschrecken, häuten und entkernen. Das Fruchtfleisch ohne Stielansätze klein würfeln. Die Schalotten und den Knoblauch schälen und fein hacken.
3. Das Öl in einer Kasserolle oder hohen Pfanne erhitzen, Schalotten- und Knoblauchwürfel darin hellgelb andünsten. Den Weißwein angießen und bei mittlerer Hitze auf die Hälfte der Menge einkochen. Vom Artischockensud etwa ¼ l dazugießen und das Ganze wieder auf die Hälfte einkochen. Die Tomatenwürfel, die gehackten Kräuterblättchen und die Lavendelblüten in die Sauce geben, mit Salz und Pfeffer abschmecken.
4. Die Artischocken mit dem Schaumlöffel aus dem Sud heben, abtropfen lassen und auf tiefe Teller setzen. Mit der Sauce umgießen.

Zum Essen die Artischockenblätter mit den Fingern abziehen, in die Sauce tauchen und den fleischigen Teil mit den Zähnen abstreifen.

SO SCHMECKT'S AUCH **Statt der vielen Kräuter nur 2 frische Lorbeerblätter und 3 Zweige Thymian mit den Artischocken kochen und die Sauce mit frisch gehackter Petersilie würzen.**

DAS IST *wirklich* WICHTIG

[a] VON DEN ARTISCHOCKEN die Stängel mit einer kräftigen Drehung abbrechen, sodass gleichzeitig die harten Fasern aus den Böden gezogen werden. Die Blattspitzen haben spitze Stacheln, die man mit einer Schere abschneidet, damit sich die Artischocken besser essen lassen.

[b] DIE SAUCE erhält ihre Bindung durch das kräftige Einkochen, deshalb das Artischockenkochwasser nicht zu stark salzen. Notfalls die Sauce mit etwas ungesalzenem Kalbsfond verdünnen.

LACHS-TATAR
mit Huflattich-Sülzchen

EINE EDLE VORSPEISE, DIE GAR NICHT SO VIEL ARBEIT MACHT. DAZU SCHMECKEN DIE SELBST GEBACKENEN WILDKRÄUTER-GRISSINI VON SEITE 54.

Zutaten für 4 Portionen

- 1 gute Handvoll Huflattichblüten
- 200 g Sahne, 100 ml Vollmilch
- Salz
- 4 Blatt weiße Gelatine
- 250 g sehr frisches Lachsfilet
- 1 EL Zitronensaft
- ½ TL abgeriebene Bio-Zitronenschale
- 1 Tomate, 1 Schalotte
- 2 TL frisch geriebener Meerrettich
- 1 Handvoll Bärlauch
- 200 ml Olivenöl
- 1 TL mittelscharfer Senf
- 1 EL Weißweinessig
- 2 ganz frische Eigelb
- Pfeffer aus der Mühle
- Huflattichblüten oder Veilchenblüten zum Garnieren

besonderes Werkzeug
- 4 kleine Förmchen (à 75 ml)
- Pürierstab

Zeitbedarf
- 45 Minuten + 3 Stunden kühlen

So geht's

1. Die Huflattichblüten kräftig schütteln, um eventuell darin sitzendes Ungeziefer zu entfernen. Die Sahne und die Milch in einen Topf geben, die gelben Blütenfäden auszupfen und unterrühren. Die Mischung kräftig salzen [→ a] und langsam erhitzen. Etwa 10 Minuten bei ganz schwacher Hitze ziehen lassen. Inzwischen die Gelatine in kaltem Wasser einweichen, fest ausdrücken und in der warmen Blütensahne unter Rühren auflösen.
2. Die Förmchen mit kaltem Wasser ausspülen und die Blütensahne durch ein feines Sieb auf die Förmchen verteilen. Die Förmchen abgedeckt in den Kühlschrank stellen und die Sülze mindestens 3 Stunden erstarren lassen.
3. Das Lachsfilet mit Küchenpapier trocken tupfen, entgräten [→ b] und in winzig kleine Würfel schneiden. Mit Zitronensaft, Zitronenschale und etwas Salz vermischen. Die Tomate überbrühen, kalt abschrecken, häuten und entkernen, das Fruchtfleisch ohne Stielansatz fein würfeln. Die Schalotte schälen, ebenfalls sehr fein hacken, beides mit dem geriebenen Meerrettich unter dieLachswürfel mischen. Das Lachs-Tatar abgedeckt in den Kühlschrank stellen.
4. Für die Sauce die Bärlauchblätter waschen, trocken schütteln und fein schneiden. Mit dem Olivenöl in einen hohen Becher geben und mit dem Pürierstab sehr fein mixen. Den Senf, den Essig und die Eigelbe dazugeben, mit Salz und Pfeffer würzen. Noch einmal kurz durchmixen.
5. Zum Servieren die Förmchen kurz in heißes Wasser halten, den Rand der Sülzchen mit einem spitzen Messer lösen und die Sülzchen auf Teller stürzen. Das Lachs-Tatar daneben anrichten und die Bärlauchsauce außen herum träufeln. Mit Blüten garnieren und rasch servieren.

[b]

DAS IST *wirklich* WICHTIG

[a] FÜR DIE SÜLZCHEN nur die gelben Blütenfäden der Huflattichblüten in die Sahne-Milch zupfen. Und die Sülze sehr kräftig abschmecken, durch die Gelatine verliert sie viel Würze.

[b] DAS LACHSFILET vor dem Kleinschneiden nach Gräten absuchen. Dazu mit dem Finger vom dünneren zum dickeren Ende hin über das Fleisch streichen. Dabei richten sich die Gräten auf und können mit einer Pinzette herausgezogen werden.

[c]

DAS IST *wirklich* WICHTIG

[a] DAS KALBSFILET muss ganz sauber geputzt werden, Häutchen und Fett würden beim Essen stören.

[b] DAS OLIVENÖL überträgt die Kräuteraromen auf das Fleisch, deshalb die Folie ganz fest aufrollen.

[c] WEIL KALBFLEISCH zarter und weicher ist als Rindfleisch, sollte es nicht geklopft, sondern zwischen Folie behutsam dünn gerollt werden.

[d] DIE TELLER werden mit etwas Limettensauce bestrichen, damit das Kalbs-Carpaccio auch auf der Unterseite gewürzt ist. Dann sofort servieren, sonst wird das Fleisch unansehnlich.

KALBS-CARPACCIO
mit gemischten Kräutern

DAS CARPACCIO WURDE IN DER „HARRY'S BAR" IN VENEDIG KREIERT UND AUS RINDERFILET ZUBEREITET. DIES IST EINE ELEGANTERE VERSION MIT KALBFLEISCH.

Zutaten für 4 Portionen

- 250 g Kalbsfilet (ersatzweise Kalbslende)
- 2 Handvoll gemischte Kräuter (Basilikum, Thymian, Brunnenkresse, Sauerampfer, Kerbel)
- 4 EL Olivenöl
- 2 Bio-Limetten
- Salz
- Pfeffer aus der Mühle

Zeitbedarf

- 25 Minuten + 1 Stunde ruhen

So geht's

1. Das Kalbsfilet sorgfältig von Fettresten und Häuten befreien **[→ a]**. Mit Küchenpapier gut trocken tupfen. Die Kräuter waschen und trocken schütteln. Die zarten Spitzen von Basilikum, Thymian und Brunnenkresse abzupfen und mit etwas Kerbel beiseitelegen. Die übrigen Blättchen fein hacken.
2. Ein großes Stück Frischhaltefolie mit etwa 1 EL Olivenöl bestreichen, die gehackten Kräuter aufstreuen und das Kalbsfilet darin wenden. Das Filet fest in die Folie einwickeln **[→ b]** und an der kältesten Stelle des Kühlschranks etwa 1 Stunde ruhen lassen.
3. Das Filet aus der Folie wickeln und mit einem ganz scharfen Messer in etwa ½ cm dünne Scheiben schneiden. Die Scheiben portionsweise auf einer Folienhälfte auslegen, mit der anderen Folienhälfte bedecken und mit der Teigrolle ganz dünn rollen **[→ c]**.
4. Die Limetten heiß waschen, abtrocknen und etwa 1 TL Schale abreiben. Den Saft auspressen und in einem Schüsselchen mit der Limettenschale, Salz, Pfeffer und dem restlichen Olivenöl verrühren.
5. Flache Teller mit etwas Limettensauce bepinseln **[→ d]** und die Fleischscheiben darauf auslegen. Mit den beiseitegelegten Kräuterspitzen bestreuen, die übrige Limettensauce darüberträufeln. Gleich servieren.

Die Variante

Rinder-Carpaccio
Statt Kalbfleisch Rinderfilet oder (preiswerter) ein sehr gutes Stück aus der Hüfte nehmen, ebenso marinieren und schneiden, dann aber mit der flachen Seite eines Fleischklopfers oder einem Plattiereisen hauchdünn klopfen. Für die Sauce einen milden Essig verwenden, zum Schluss alles mit hauchdünn gehobeltem Parmesan bestreuen.

BUNTES WOK-GEMÜSE
mit vier Kräutern

BEI DIESEM LEICHTEN ASIATISCHEN GERICHT MACHT NUR DAS GEMÜSESCHNEIDEN ETWAS ARBEIT, DIE ZUBEREITUNG GEHT DANN GANZ FIX.

Zutaten für 4 Portionen

- 500 g Brokkoli, 400 g Zucchini
- 4 mittelgroße Möhren
- 200 g frische Shiitake-Pilze
- 1 Bund Frühlingszwiebeln
- 3 Knoblauchzehen
- 150 g Mungbohnensprossen
- 6 Stängel Thai-Basilikum
- 6 Stängel Koriandergrün
- 4 Stängel japanische Minze
- 1 Handvoll Malvenblätter
- 1 walnussgroßes Stück Ingwer
- 400 ml Gemüse-Kräuter-Fond (siehe Seite 24, ersatzweise Gemüsebrühe)
- 4 EL Fischsauce
- 2 EL helle Sojasauce
- 2 EL Limettensaft
- 2 TL brauner Rohrzucker, Salz
- Cayennepfeffer, 2 EL Erdnussöl

Zeitbedarf

• 45 Minuten

So geht's

1. Das Gemüse waschen und putzen. Den Brokkoli in Röschen zerteilen, die Stiele schälen und in bleistiftdicke Stifte schneiden. Die Zucchini zuerst in Scheiben und diese ebenfalls in bleistiftdicke, kurze Stifte schneiden. Die Möhren schälen, längs halbieren und die Hälften schräg in dünne Scheiben schneiden [→ a]. Von den Pilzen die harten Stiele entfernen und die Hüte halbieren. Den weißen Teil der Frühlingszwiebeln schräg in Stücke schneiden. Den Knoblauch schälen und fein hacken. Die Bohnensprossen im Sieb heiß überbrausen und abtropfen lassen.
2. Die Kräuter und die Malvenblätter waschen und trocken schütteln. Die zarten Spitzen und die Blätter abzupfen, die harten Stängel entfernen [→ b]. Den Ingwer schälen und in feine Streifen schneiden.
3. Für die Sauce den Gemüse-Kräuterfond mit Fischsauce, Sojasauce, Limettensaft und Zucker vermischen und mit Salz und Cayennepfeffer abschmecken.
4. Einen Wok oder eine große tiefe Pfanne stark erhitzen, das Erdnussöl darin heiß werden lassen und das Gemüse, die Pilze und die Sprossen bei starker Hitze unter ständigem Rühren etwa 5 Minuten anbraten [→ c]. Die Würzsauce angießen und alles noch 3–4 Minuten kochen. Die Kräuterblätter und -spitzen untermischen, nur kurz heiß werden lassen und das Gericht gleich servieren.

Zum Wokgemüse passen duftender Basmatireis, ein bunter Salat und ein nicht zu herber Weißwein.

DAS IST *wirklich* WICHTIG

[a] DAS GEMÜSE fürs schnelle Braten muss so geschnitten werden, dass die unterschiedlichen Sorten zur gleichen Zeit gar sind. Die härteren Möhren also kleiner schneiden als die weichen Zucchini.

[b] VON DEN KRÄUTERN die zarten Spitzen ganz lassen, sie sehen sehr dekorativ aus. Von den Kräuterblättern die harten Stängel entfernen.

[c] BEIM GAREN IM WOK muss das Gemüse ständig – am besten mit der Wokschaufel – gewendet werden, damit es rundum bissfest gart, aber nicht anbrennt.

c]

EXOTISCHE KRÄUTER

Eigenwilliger Duft und Geschmack

KORIANDERGRÜN

Das Koriandergrün oder Cilantro, wie es in Mexiko genannt wird, riecht etwas eigenartig, enthält aber ätherische Öle, die gegen Magen- und Darmbeschwerden helfen. In Asien wird es so reichlich verwendet wie bei uns Petersilie. Da das Aroma der Blätter beim Erhitzen verfliegt, immer erst zum Schluss frisch an ein Gericht geben. Koriandergrün lässt sich auch selbst ziehen: in einen Blumentopf mit lockerer Erde Koriandersamen (Gewürzkörner) legen und nur ganz dünn mit Erde bestreuen, die Samen sollen es feucht haben, brauchen aber Licht zum Keimen. Mit einer Blumenspritze anfeuchten und den Topf mit Frischhaltefolie abdecken. An einen warmen und sonnigen Platz stellen und die Samen öfter anfeuchten. Nach drei bis vier Wochen können erste Blättchen geerntet werden.

BOCKSHORNKLEE

Indische Gerichte werden oft zum Schluss mit „Methi" bestreut. Das sind getrocknete Blätter des Bockshornklees, die intensiv und curryähnlich duften. Die frischen Blätter schmecken zartbitter nach grünen Erbsen und Liebstöckel und würzen vor allem Currygerichte und Hülsenfrüchte. Aus den Bockshornkleesamen aus dem Asienladen lassen sich ganz leicht (wie beim Koriander) Pflanzen ziehen.

CURRYBLÄTTER

Ein ähnliches Aroma bringen Curryblätter in asiatische Gerichte. Sie sind frisch nur in Asienläden zu finden, lassen sich aber gut einfrieren. Getrocknete haben kaum Geschmack.

KAFFIRLIMETTENBLÄTTER

Die Kaffirlimettenblätter mit ihrer eigenartigen Form (sie sehen aus, als ob zwei Blätter hintereinander gewachsen wären) vom Kaffirlimettenbaum geben Gerichten eine fein zitronige, aber nicht saure Note. Nur frische oder tiefgefrorene Blätter geben Geschmack. Am besten in hauchdünne Streifen schneiden und mitkochen.

ZITRONENGRAS

Ebenfalls in die Kategorie „Zitrus" gehört das Zitronengras, dessen angenehm duftiger Zitronen- oder Melissengeschmack fast jedes asiatische Gericht bereichern kann. Meist wird nur der unterste Teil fein geschnitten zugegeben, die übrigen Halmteile können aber auch mitgeschmort und dann entfernt werden.

SCHNITTKNOBLAUCH

Der Chinesische Schnittlauch, auch Schnittknoblauch oder „Knolauch" genannt, lässt sich ebenfalls leicht aus Samen ziehen, übersteht im großen Topf auch harten Frost und treibt jedes Jahr aufs Neue aus. Die flachen, etwas zäheren Stängel würzen wie Schnittlauch mit Knoblaucharoma und können auch in Wokgerichten mitgegart werden.

ASIA-BASILIKUM

Die asiatischen Basilikumsorten schmecken intensiver und würziger als die europäischen und sind in Asienläden zu finden. Für das süße Thai-Basilikum (bai horapha) ist ein leichter Anisgeschmack typisch, beim Heiligen Basilikum (bai krapao) ist der würzige, leicht medizinische Geschmack charakteristisch.

WEISSER SPARGEL
mit Bärlauch-Schinken-Klößchen

MIT SPARGEL UND KRÄUTERWÜRZIGEN SCHINKENKLÖSSCHEN KOMMT EINE KLASSISCHE KOMBINATION NEU UND FEIN AUF DEN TELLER.

Zutaten für 4 Portionen

- 1 Brötchen vom Vortag
- 200 g gekochter Schinken (ohne Schwarte)
- 1 kleine Zwiebel
- 200 g Butter
- 2 Eier (Größe M)
- ca. 2 EL Semmelbrösel
- 1 Handvoll Bärlauch
- Salz, Pfeffer aus der Mühle
- frisch geriebene Muskatnuss
- 1,5 kg weißer Spargel
- Zucker

Zeitbedarf

- 1 Stunde

So geht's

1. Für die Klößchen das Brötchen in Scheiben schneiden, mit etwas lauwarmem Wasser beträufeln und einweichen lassen. Den Schinken klein schneiden und im Blitzhacker fein pürieren oder zweimal durch den Fleischwolf drehen [→ a].
2. Die Zwiebel schälen und sehr fein würfeln. 2 TL Butter in einem Pfännchen erhitzen und die Zwiebelwürfel darin bei mittlerer Hitze hellgelb dünsten. Zum Schinken geben. Die Brötchenscheiben ganz fest ausdrücken und mit den Eiern unter das Schinkenpüree rühren. So viel Semmelbrösel untermischen, dass ein gut formbarer Teig entsteht.
3. Den Bärlauch waschen, trocken schütteln und sehr fein hacken. Unter den Schinkenteig mischen, mit wenig Salz, reichlich Pfeffer und Muskat würzen [→ b]. Abgedeckt 30 Minuten im Kühlschrank quellen lassen.
4. Inzwischen den Spargel waschen und schälen, die Enden abschneiden. Spargel in den Einsatz eines Spargeltopfes stellen oder mit Küchengarn portionsweise bündeln und in einen großen Topf stellen. So viel Wasser angießen, dass die Spargelstangen halb bedeckt sind. Das Wasser mit Salz, 1 guten Prise Zucker und 1 EL Butter würzen, aufkochen und den Spargel zugedeckt 12–15 Minuten garen.
5. In dieser Zeit in einem breiten Topf Wasser für die Klößchen aufsetzen, zum Kochen bringen und salzen. Aus der Schinkenmasse mit leicht angefeuchteten Händen etwa 12 längliche Klößchen formen. Im leise siedenden Wasser etwa 10 Minuten offen sanft köcheln lassen, dabei ab und zu den Topf etwas rütteln.
6. Die restliche Butter im Pfännchen bei mittlerer Hitze aufschäumen und ganz leicht bräunen [→ c]. Den Spargel auf Teller verteilen. Die Klößchen mit dem Schaumlöffel aus dem Wasser heben, abtropfen lassen und neben dem Spargel anrichten. Die gebräunte Butter über Spargel und Klößchen verteilen und das Gericht servieren.

DAS IST *wirklich* WICHTIG

[a] DER SCHINKEN darf ruhig einen Fettrand haben, dann werden die Klößchen saftiger als mit einem ganz fettfreien Schinken. Falls weder Blitzhacker noch Fleischwolf vorhanden sind, kann man den Schinken auch winzig klein würfeln.

[b] DIE SCHINKENMASSE nur behutsam salzen, denn Schinken ist meist würzig genug. Pfeffer und Muskat dagegen dürfen reichlich verwendet werden.

[c] DIE BUTTER soll leicht bräunen, dann bekommt sie ein würzig-nussiges Aroma. Aber Vorsicht, wenn sie zu dunkel wird, schmeckt sie bitter. Also das Pfännchen lieber etwas zu früh als zu spät von der Herdplatte nehmen.

[c]

[a]

[b]

DAS IST *wirklich* WICHTIG

[a] LÖWENZAHNBLÜTEN nicht waschen, sondern nur kräftig schwenken, um Ungeziefer zu entfernen. Dann nur die gelben Blütenfäden ohne weiße und grüne Teile in die Milch schneiden, damit sie schön gefärbt wird.

[b] LÖWENZAHNKNOSPEN findet man als dicke Knöllchen am Grund der Blätterrosetten. Gegart schmecken sie fast wie Rosenkohl. Vorher die Stängel (werden manchmal nicht gut vertragen) und die unteren spitzen Hüllblätter entfernen (schmecken etwas bitter).

[c] DIE KLÖSSCHEN werden schön gleichmäßig, wenn man eine eigroße Menge mit einem in kaltes Wasser getauchten Esslöffel absticht, den zweiten ebenfalls in Wasser getauchten Esslöffel darauflegt und die Grießmasse mit einer Drehbewegung zu einem länglichen Klößchen formt. Diesen Vorgang zwei- bis dreimal wiederholen und das Klößchen dann vom Löffel ins Wasser streifen.

FRÜHLINGSGEMÜSE *mit Löwenzahnklößchen*

DAS BUNTE GEMÜSE IN SAHNESAUCE MIT DEN GELBEN GRIESSKLÖSSCHEN SCHMECKT SO FEIN, DASS AUCH VERWÖHNTE GÄSTE DAMIT ZU BEGEISTERN SIND.

Zutaten für 4 Portionen

- ½ l Milch
- Salz
- 3 Handvoll Löwenzahnblüten
- 4 EL Butter
- 200 g Hartweizengrieß
- 2 Eier (Größe L)
- frisch geriebene Muskatnuss
- 500 g grüner Spargel
- 300 g Dicke Bohnen in den Schoten (Saubohnen)
- 2 Handvoll fest geschlossene Löwenzahnknospen
- 2 mittelgroße Zucchini
- 2 Möhren
- 150 g Austernpilze
- 400 ml Gemüsebrühe
- 150 g Sahne
- Pfeffer aus der Mühle

besonderes Werkzeug
- Pürierstab

Zeitbedarf
- 1 Stunde

So geht's

1. Für die Klößchen die Milch mit etwas Salz in einen Topf geben. Die Löwenzahnblüten ausschütteln, nur die gelben Blütenfäden mit einer Schere in die Milch schneiden [→ a]. Die Milch bis kurz vor den Siedepunkt erhitzen, den Topf vom Herd nehmen und die Mischung mit dem Pürierstab glatt mixen. Die Milch wieder erhitzen, 2 EL Butter dazugeben und den Grieß einstreuen. Die Masse so lange kräftig rühren, bis der Grießbrei so fest ist, dass er sich vom Topfboden löst. Den Topf vom Herd nehmen, die Grießmasse etwas abkühlen lassen, dann die Eier untermischen. Mit Salz und Muskat abschmecken und noch etwas quellen lassen.
2. Den Spargel waschen und im unteren Drittel schälen, die Enden abschneiden. Die Stangen in etwa 5 cm lange Stücke schneiden. Die Dicken Bohnen auspalen. Von den Löwenzahnknospen die Stängel und unteren Hüllblätter entfernen [→ b]. Die Zucchini und die Möhren waschen und putzen, die Möhren schälen und beides in bleistiftdicke, etwa 5 cm lange Stifte schneiden. Die Pilze trocken säubern und vierteln.
3. Die restlichen 2 EL Butter in einer Schmorpfanne erhitzen. Erst die Möhren und die Spargelstücke kurz andünsten, dann das übrige Gemüse untermischen und etwa 5 Minuten bei schwacher Hitze dünsten, ohne dass es bräunt. Die Gemüsebrühe angießen und alles offen etwa 10 Minuten garen. Die Sahne dazugießen, das Gemüse mit Salz, Pfeffer und Muskat würzen und warm halten.
4. Für die Klößchen in einem breiten Topf reichlich Wasser aufkochen und salzen. Aus der Grießmasse mit zwei Esslöffeln knapp eigroße Klöße formen [→ c] und im leise siedenden Wasser etwa 10 Minuten garen, bis sie an die Oberfläche steigen. Mit einem Schaumlöffel aus dem Wasser heben, kurz abtropfen lassen, auf Teller verteilen und daneben das Gemüse in der Sahnesauce anrichten.

GEBEIZTER LACHS
mit Dill und Fenchelgrün

DER ROH MARINIERTE LACHS WIRD IN SKANDINAVIEN ZU TOAST ODER MIT HEISSEN KARTOFFELN UND HELLER SAUCE ALS MITTAGESSEN SERVIERT.

Zutaten für 4 Portionen

- 2 gleich große ganz frische Lachsfilets ohne Haut (à 250 g)
- 2 Handvoll Dillstängel
- 2–3 Stängel Gewürzfenchelgrün
- 1 TL Wacholderbeeren
- 2 EL grobes Meersalz
- 2 EL brauner Rohrzucker
- Dillstängel und Zitronenachtel zum Garnieren

besonderes Werkzeug

- Mörser
- scharfes langes Messer

Zeitbedarf

- 30 Minuten + 2 Tage ruhen

So geht's

1. Die Lachsfilets mit Küchenpapier trocken tupfen. Fettreste und eventuell vorhandene Gräten entfernen (siehe Seite 107). Den Dill und das Fenchelgrün waschen, gut trocken schütteln und mitsamt den Stängeln grob zerschneiden.
2. Die Wacholderbeeren im Mörser mit 1 Prise Salz zerdrücken, dann mit dem übrigen Salz und dem Zucker vermischen. Beide Lachsfilets mit dieser Würzmischung rundum bestreuen, die Gewürze dabei etwas andrücken. Die Kräuter auf ein Filet verteilen und das zweite passend darauflegen. Das Filetpaket in einen Frischhaltebeutel legen und diesen fest verschließen, dabei die Luft aus dem Beutel drücken. Den Beutel ins Gemüsefach des Kühlschranks legen und mit einem flachen Teller beschweren. Den Lachs etwa 2 Tage marinieren, dabei ab und zu den Beutel umdrehen.
3. Zum Servieren die Lachsfilets aus dem Beutel nehmen und die Gewürze mit der Hand abstreifen. Die Filets mit Küchenpapier trocken tupfen und auf ein Brett legen. Mit einem sehr scharfen Messer in dünne Scheiben schneiden **[→ a]**, auf Tellern anrichten, mit Dillstängeln und Zitronenachteln garnieren.

Dazu Toast oder heiße Pellkartoffeln servieren.

IN SCHWEDEN **wird zum „gravad lax" eine süßsaure Senfsauce gereicht: 100 g süßen dunklen Hausmacher-Senf mit 1 Handvoll fein geschnittenem Dill, 4 EL Zitronensaft und etwas frisch geriebenem Meerrettich verrühren, mit Salz und Pfeffer abschmecken.**

[a]

DAS IST *wirklich* WICHTIG

[a] ZUM AUFSCHNEIDEN benötigt man ein langes, sehr scharfes Messer, mit dem sich das Fischfleisch schneiden lässt, ohne dass es zerfasert. Das Messer ganz flach ansetzen und vom dünneren zum dickeren Teil der Filets hin dünne Scheiben abschneiden.

ROTBARBENFILETS
auf Sauerampfer-Spinat-Gemüse

DIE MISCHUNG AUS ZARTEM SPINAT UND SÄUERLICHEM WILDKRAUT ERGIBT EIN AUSSERGEWÖHNLICHES GEMÜSE ALS UNTERLAGE FÜR DIE FEINEN FISCHFILETS.

Zutaten für 4 Portionen

- 300 g Rotbarbenfilet mit Haut (evtl. TK)
- 2 TL Zitronensaft
- Salz
- 400 g zarter Blattspinat
- 100 g Sauerampferblätter
- Fett für die Form
- 150 g Crème fraîche
- 2 Eigelb
- frisch geriebene Muskatnuss
- 2 Knoblauchzehen
- 2 EL Semmelbrösel
- 2 EL Butter

besonderes Werkzeug
- große, flache ofenfeste Form

Zeitbedarf
- 45 Minuten

So geht's

1. Die Fischfilets – tiefgekühlte zuerst auftauen lassen – mit Küchenpapier trocken tupfen und die Haut mehrmals leicht einritzen **[→ a]**. Die Filets auf beiden Seiten mit Zitronensaft beträufeln und leicht salzen. Abgedeckt in den Kühlschrank stellen. Den Backofen auf 240 °C (Umluft 220 °C) vorheizen.
2. Den Spinat und den Sauerampfer verlesen, harte Stängel entfernen. Die Blätter getrennt gut waschen und abtropfen lassen. Reichlich Wasser aufkochen und kräftig salzen **[→ b]**. Den Spinat darin 1 – 2 Minuten blanchieren, in ein Sieb abgießen und kalt abschrecken. Gut abtropfen lassen. Die Sauerampferblätter ganz fein schneiden.
3. Die ofenfeste Form fetten. Den Spinat leicht ausdrücken und zerzupfen, mit dem Sauerampfer mischen und in der Form verteilen. Die Crème fraîche mit den Eigelben, Salz und Muskat verquirlen und über den Sauerampfer-Spinat gießen.
4. Die Fischfilets mit der Hautseite nach oben auf den Sauerampfer-Spinat legen. Den Knoblauch schälen und darüberpressen. Alles mit Semmelbröseln bestreuen. Die Butter gleichmäßig in dünnen Scheiben darauf verteilen, leicht salzen.
5. Die Fischfilets im heißen Ofen (Mitte) etwa 15 Minuten überbacken, bis die Semmelbrösel leicht gebräunt sind. Gleich in der Form servieren.

SO SCHMECKT'S AUCH **Wer mag, nimmt statt Spinat je 200 g zarte Brennnesselspitzen und Gierschblätter. Diese müssen 3 – 4 Minuten überbrüht und nach dem Abtropfen kleiner geschnitten werden. Auch Filets von Scholle, Tilapia, Pangasius oder Dorade eignen sich gut für diese Zubereitung.**

DAS IST *wirklich* WICHTIG

[a] DIE HAUT der zarten Rotbarbenfilets mit einem sehr scharfen Messer im Abstand von 1 cm leicht einritzen, aber nicht durchschneiden. So kann die Würze besser eindringen und die Filets verziehen sich nicht beim Überbacken.

[b] ZUM BLANCHIEREN das Wasser sehr kräftig salzen – etwa 2 EL Salz pro Liter Wasser –, damit die Blätter ihre schöne grüne Farbe behalten. Nur ganz kurz kochen, sie dürfen nicht zerfallen, dann eiskalt abschrecken, damit sie nicht weitergaren.

DAS IST *wirklich* WICHTIG

[a] FÜR DIE FISCHKLÖSSCHEN die Löffel erst in kaltes Wasser tauchen, dann mit einem Löffel eine golfballgroße Menge Fischpüree abstechen und mit dem zweiten Löffel mit einer drehenden Bewegung zu einem länglichen Klößchen formen. Diesen Vorgang zwei- bis dreimal wiederholen, bis das Klößchen eine gleichmäßige Form hat.

[b] WENN DIE EIGELBSAHNE in die Suppe gemixt wird, darf diese nicht mehr kochen, sonst gerinnt das Eigelb und flockt aus. Falls dies doch einmal passiert: die Suppe durch ein feines Sieb gießen und noch einmal glatt pürieren.

[a]

BRUNNENKRESSESUPPE
mit Lachsklößchen

DIE SCHAUMIG-SAHNIGE KRÄUTERSUPPE MIT ZARTEN FISCHKLÖSSCHEN REICHT ALS FEINE VORSUPPE BEI EINEM MENÜ AUCH FÜR 6 PERSONEN.

Zutaten für 4 Portionen

- 350 g Wildlachsfilet (ohne Haut)
- 1 EL Zitronensaft
- 2 Scheiben Toastbrot
- 2 Eier
- Salz, Pfeffer aus der Mühle
- 3 Handvoll Brunnenkresse
- 2 Schalotten
- 200 g Sahne
- 2 EL Butter
- 600 ml Fischfond
- 150 ml Weißwein

besonderes Werkzeug
- Pürierstab

Zeitbedarf
- 1 Stunde

So geht's

1. Das Fischfilet trocken tupfen und in Würfel schneiden, dabei eventuell vorhandene Gräten entfernen. Die Fischwürfel mit Zitronensaft beträufeln. Das Toastbrot entrinden und würfeln. Die Eier trennen. Die Fischwürfel mit Toastbrot und den Eiweißen im Blitzhacker pürieren oder zweimal durch den Fleischwolf drehen. Oder mit einem großen Messer oder einem Wiegemesser sehr fein zerkleinern. Die Masse mit Salz und Pfeffer würzen und abgedeckt etwa 15 Minuten im Kühlschrank kühlen.
2. Die Brunnenkresse in lauwarmem Salzwasser gründlich waschen und die Blätter abzupfen. Die Schalotten schälen und fein würfeln. Die Eigelbe mit der Sahne verrühren.
3. In einem breiten Topf reichlich Wasser erhitzen und salzen. Aus der Lachsmasse mit zwei Esslöffeln längliche Klößchen abstechen [→ a] und im leise siedenden Wasser etwa 8 Minuten garen. Mit dem Schaumlöffel herausheben und abtropfen lassen.
4. Die Butter in einem großen Topf zerlassen und die Schalottenwürfel bei mittlerer Hitze hell andünsten. Ein paar kleine Kresseblättchen zum Garnieren beiseitelegen, die übrigen Blättchen zu den Schalotten geben und kurz erhitzen. Den Fischfond und den Weißwein dazugießen und einmal aufkochen lassen. Die Suppe mit dem Pürierstab glatt mixen.
5. Die Eigelbsahne in die Suppe mixen, bis sie schaumig ist; die Suppe jetzt aber nicht mehr kochen lassen [→ b]. Mit Salz und Pfeffer abschmecken. Die Fischklößchen auf Teller oder Suppentassen verteilen und mit der heißen Suppe übergießen. Mit den beiseitegelegten Kresseblättchen garnieren.

SO SCHMECKT'S AUCH Statt Brunnenkresse kann man auch zarte Borretschblätter nehmen und die Suppe zum Schluss mit Borretschblüten garnieren.

FISCHFILET *auf Zucchinibett*

DAS FISCHFILET WIRD RAFFINIERT GEWÜRZT UND GART MIT WILDKRÄUTERN AUF ZUCCHINI IM OFEN. SO BLEIBT ES BESONDERS SAFTIG.

Zutaten für 4 Portionen

- 600 g Fischfilet (z. B. Rotbarsch-, Viktoriabarsch- oder Pangasiusfilet)
- 1 – 2 Bio-Zitronen
- 2 TL Garam Masala (Asienladen, Reformhaus)
- Salz
- 60 g Butter
- 500 g dünne Zucchini
- 30 – 50 g frischer Ingwer
- 1 gute Handvoll Giersch
- ½ Handvoll Gundermann (Gundelrebe)
- 6 Schafgarbenblätter
- 2 Knoblauchzehen
- 1 kleines Bund Frühlingszwiebeln
- 600 g Fleischtomaten
- 400 ml Fischfond (Glas)
- 200 ml Weißwein (ersatzweise Apfelsaft)

besonderes Werkzeug
- große ofenfeste Form

Zeitbedarf
- 1 Stunde

So geht's

1. Das Fischfilet trocken tupfen. Die Zitronen heiß waschen, abtrocknen und etwa 1 EL Schale abreiben. Die Zitronen auspressen, den Fisch mit etwas Zitronensaft beträufeln, mit 1 TL Garam Masala und Salz würzen. Die ofenfeste Form mit etwa 1 EL Butter fetten. Den Backofen auf 200 °C (Umluft 180 °C) vorheizen.
2. Die Zucchini waschen, putzen und mit dem Gemüsehobel in hauchdünne Scheiben hobeln [→ a]. Oder mit einem scharfen Messer in sehr dünne Scheiben schneiden. Die Zucchinischeiben schuppenartig in der Form auslegen. Das Fischfilet darauflegen. Den Ingwer schälen und in dünne Scheibchen schneiden oder hobeln, auf dem Fischfilet verteilen.
3. Die Kräuter waschen und trocken schütteln, die Blättchen abzupfen und fein schneiden. Kräuterblättchen und Zitronenschale über den Fisch streuen. Den Knoblauch schälen und dazupressen. Die Frühlingszwiebeln waschen, putzen, den weißen und hellgrünen Teil in dünne Ringe schneiden und über die Kräutermischung geben.
4. Die Tomaten mit kochendem Wasser überbrühen, kalt abschrecken, häuten und ohne Stielansätze in Scheiben schneiden. Die Tomatenscheiben gleichmäßig auf den anderen Zutaten in der Form auslegen. Mit dem restlichen Garam Masala und etwas Salz bestreuen.
5. Den Fischfond, Weißwein und den übrigen Zitronensaft angießen. Die restliche Butter in dünne Scheiben schneiden und auf den Tomaten verteilen. Den Fisch im Ofen (Mitte, Umluft 180 °C) etwa 30 Minuten garen, bis die Tomaten leicht zu bräunen beginnen.

Dazu passt körnig gekochter Basmatireis.

SO SCHMECKT'S AUCH **Statt Wildkräutern Koriandergrün, fein geschnittenen chinesischen Schnittlauch und sehr fein geschnittene Kaffirlimettenblätter nehmen.**

DAS IST *wirklich* WICHTIG

[a] DIE ZUCCHINI müssen millimeterdünn gehobelt werden, sonst garen sie nicht durch. Am besten dafür einen Gemüsehobel mit verstellbarer Klinge nehmen. Dann die Scheiben so in der Form verteilen, dass die Schicht überall gleich hoch ist.

DAS PFEFFERMINZMUSEUM

Ein Besuch in die Vergangenheit

WESTLICH VON MÜNCHEN LIEGT DAS KLEINE DORF EICHENAU IN EINEM EHEMALIGEN MOORGEBIET. RECHT VERSTECKT GIBT ES HIER ETWAS VERMUTLICH WELTWEIT EINMALIGES: EIN PFEFFERMINZMUSEUM.

DIE GESCHICHTE

Mit einem Glas Pfefferminztee in der Hand wird ein Gang durch das kleine Museum zum Ausflug in die Geschichte des „Bauchwehkrauts", wie es auch genannt wird. Es begann hier 1918 mit einem Rucksack voll Ausläufern der Mitcham-Minze, die sich der Beamte Adolf Pfaffinger aus den Versuchsgärten in Weihenstephan geholt hatte und anbaute. Das gelang gut, denn die alte Zuchtform der englischen Pfefferminze mit ihrem sehr hohen Mentholgehalt gedeiht am besten auf feuchten Moorböden. Die Nachbarn machten es ihm nach, erst als Neben-, dann als Haupterwerb. Bald war der Minzeanbau der wichtigste Wirtschaftsfaktor in der kleinen Siedlung, die „Eichenauer Ware" galt als beste in ganz Deutschland.

PFLEGE UND ERNTE

Die Pflege der Pfefferminze ist äußerst aufwendig, sie ist sehr nährstoffhungrig und muss jedes Jahr in frische Erde umgepflanzt werden, damit sie genug Ertrag bringt und keine Krankheiten ausbrechen. Im Frühjahr wurden dafür handtiefe Furchen gezogen – anfangs in Handarbeit, später mit kleinen Traktoren. Die alten Geräte lassen ahnen, wie mühsam das war. Waren die Wurzelausläufer (nur über sie lässt sich diese Minze vermehren) im Boden, musste ständig Unkraut gejätet werden. Die erste Ernte erfolgte vor der Blütenbildung um den Johannistag am 24. Juni mit Messern und Sensen, später dann mit Erntemaschinen. Eine zweite Ernte im September brachte zwar kleinere, aber nicht weniger wirkstoffreiche Blätter. Um den hohen Gehalt an ätherischen Ölen zu erhalten, mussten die Pflanzen so rasch und schonend wie möglich getrocknet werden. Die findigen Teebauern entwickelten dafür eine eigene Methode: Die frischen Kräuter wurden zerkleinert und die leichteren Blätter mit einer Windmaschine von den Stängeln getrennt, wobei sich die Blätter etwas einrollen. Dieser „Eichenauer Blattkrüll" wurde auf Horden (Drahtgittern) ausgebreitet und in großen Teehallen mit Koksöfen und Ventilatoren getrocknet. Bei einer Erntezeit von nur etwa 14 Tagen mussten die Hallen rund um die Uhr beschickt werden, was echte Schwerstarbeit war.

NICHT GANZ ZU ENDE

Als 1956 billige ausländische Kräuter- und Gewürzdrogen auf den Markt drängten, lohnte sich die Mühe allmählich nicht mehr, und 1980 endete hier der gewerbsmäßige Anbau. Bis auf eine kleine Fläche, auf der immer noch die Mitcham-Minze speziell für das Museum angebaut wird. So können sich die Besucher auch heute mit Tüten des unglaublich duftenden original Eichenauer Pfefferminztees eindecken.

AROMAGESCHMORTES GULASCH *mit Quendel*

BEIM GANZ SANFTEN SCHMOREN ENTWICKELN SICH VIELE AROMASTOFFE, DIE DIE SAUCE GEHALTVOLL MACHEN. DER QUENDEL GIBT DIE BESONDERE NOTE.

Zutaten für 4 Portionen

- 1 kg mageres Rindfleisch zum Schmoren
- 2 große Zwiebeln
- 1 EL Öl
- 2 Möhren
- 100 g Knollensellerie
- 2 Knoblauchzehen
- 2 EL edelsüßes Paprikapulver
- 2 TL scharfes Paprikapulver
- ½ l Fleischbrühe
- 100 ml Rotwein
- 1 Handvoll frische Quendelzweige (Feldthymian)
- Salz, Pfeffer aus der Mühle

Zeitbedarf

- 1 Stunde 30 Minuten + 1 Stunde schmoren

So geht's

1. Das Rindfleisch mit Küchenpapier trocken tupfen, Fett und Sehnen sorgfältig entfernen **[→ a]**. Das Fleisch in etwa 3 cm große Würfel schneiden. Die Zwiebeln schälen und nicht zu klein würfeln.
2. Das Öl in einem großen Schmortopf bei schwacher bis mittlerer Hitze heiß werden lassen. Die Zwiebeln gleichmäßig auf den Topfboden streuen und die Fleischstücke darüber verteilen. Offen ohne Umrühren so lange schmoren, bis die Zwiebeln und die Fleischwürfel zu brutzeln beginnen **[→ b]**.
3. Inzwischen die Möhren, den Sellerie und den Knoblauch schälen und winzig klein würfeln. Sobald die Mischung im Schmortopf brutzelt, die Gemüsewürfel einstreuen und alles unter gelegentlichem Wenden weitere etwa 15 Minuten braten, bis Fleisch und Gemüse leicht gebräunt sind. Beide Paprikasorten darüberstreuen und unterrühren **[→ c]**. Die Brühe und den Wein angießen. Das Gulasch zugedeckt bei schwacher Hitze gut 1 Stunde schmoren lassen.
4. Den Quendel waschen und trocken schütteln, die Blättchen abzupfen und zum Gulasch geben. Mit Salz und Pfeffer abschmecken und etwa 10 Minuten sanft schmoren.

SO SCHMECKT'S AUCH **Der bei uns heimische Quendel, der auf Magerwiesen zu finden ist, würzt aromatisch-balsamisch und weniger harzig als die mediterranen Sorten. Er lässt sich am ehesten durch Zitronenthymian oder Silberthymian ersetzen.**

DAS IST *wirklich* WICHTIG

[a] DAS RINDFLEISCH fürs Aromaschmoren sollte wenig Häute und Sehnen enthalten, am besten eignen sich falsches Filet oder ein Stück aus der Unterschale. Fertig geschnittenes Gulasch enthält meist zu viele zähe Stücke.

[b] BEIM ANSCHMOREN muss die Hitze so schwach sein, dass nur die austretende Flüssigkeit langsam verdunstet, ohne dass die Mischung schon bräunt. Das kann etwa 45 Minuten dauern.

[c] DAS PAPRIKAPULVER darf nur ganz kurz angedünstet werden, sonst verbrennt es und bringt einen bitteren Geschmack. Andererseits erhält es erst durch das kurze Braten im Fett sein Aroma.

RINDERSTEAKS *mit Kräuter-Hollandaise*

KLASSISCH WIRD DIE SAUCE NUR MIT ESTRAGON GEWÜRZT, HIER KOMMEN NOCH ZWEI KRÄUTER DAZU. AUSSER ZU STEAKS PASST SIE AUCH GUT ZU SPARGEL.

Zutaten für 4 Portionen

- 4 Entrecotes (à 180 g, ersatzweise Rumpsteaks)
- 2 EL Olivenöl
- 3 Stängel Petersilie
- ½ Handvoll Kerbel
- 1 kleiner Stängel Estragon
- 1 Schalotte
- 1 EL Weißweinessig
- 4 EL Weißwein
- 2 frische Eigelb
- Salz, Pfeffer aus der Mühle
- 125 g kalte Butter

Zeitbedarf
- 45 Minuten

So geht's

1. Die Steaks mit Küchenpapier trocken tupfen und den Fettrand bis zum Fleisch einschneiden [→ a]. Kräftig mit dem Olivenöl einreiben, mit Frischhaltefolie abdecken und bis zum Braten beiseitestellen.
2. Die Kräuter waschen und trocken schütteln. Die Blättchen abzupfen und fein hacken, die Kräuterstängel getrennt klein schneiden. Die Schalotte schälen und würfeln, mit den Stängeln, dem Essig und dem Weißwein in einen kleinen Topf geben, aufkochen und bei schwacher Hitze etwa 10 Minuten ziehen lassen. Dann durch ein Sieb in eine hitzefeste Schüssel (möglichst mit rundem Boden) gießen. In einem Topf etwas Wasser für ein Wasserbad erhitzen.
3. Eine große schwere Pfanne sehr heiß werden lassen. Gleichzeitig die Eigelbe unter den Kräutersud quirlen und die Mischung über dem leise siedenden Wasserbad ständig mit dem Schneebesen schlagend erhitzen, bis sie cremig wird [→ b].
4. Die Steaks in der heißen Pfanne bei starker Hitze auf jeder Seite 3–5 Minuten braten, die Pfanne vom Herd nehmen, die Steaks salzen und pfeffern und etwa 5 Minuten ruhen lassen [→ c].
5. Die Butter in kleinen Flöckchen unter die Eiersauce quirlen, die gehackten Kräuterblättchen untermischen und die Sauce mit Salz und Pfeffer abschmecken. Sofort mit den Steaks servieren.

Als Beilage passen kleine Kartoffeln oder Pommes frites.

EIN GUTER METZGER ist vor allem bei Steak sein Geld wert. Nur wenn Rindfleisch richtig gereift ist und fachmännisch zerteilt wurde, sind die Steaks nach dem Braten butterzart.

DAS IST *wirklich* WICHTIG

[a] BEI STEAKS mit Fettrand diesen nicht abtrennen, er hält das Fleisch beim Braten saftig. Aber mit einem scharfen Messer bis ans (nicht ins!) Fleisch im Abstand von 2 cm einschneiden, damit sich die Steaks beim Braten nicht aufwölben.

[b] DAS WASSERBAD darf nicht zu heiß werden, sonst gerinnen die Eigelbe und flocken als Rührei aus. Also lieber bei mäßiger Temperatur geduldig rühren und warten, bis die Sauce gerade bindet und cremig vom Schneebesen tropft.

[c] DIE STEAKS bei starker Hitze braten, dann in der Pfanne neben dem Herd etwas ruhen lassen, damit sich der Fleischsaft verteilen kann. Nach 3 Minuten pro Seite sind die Steaks innen noch rosig, nach 5 Minuten durchgebraten.

DAS IST *wirklich* WICHTIG

[a] DAS FETT von der Lammkeule mögen viele nicht, da es am intensivsten schmeckt. Aber ein kleiner Rest sollte am Fleisch bleiben, damit der Braten vorm Austrocknen geschützt ist.

[b] DER LAUCH enthält vor allem in den grünen Abschnitten meist Sand, deshalb diesen Teil einschneiden und unter fließendem Wasser gründlich ausspülen, dabei Sand- und Erdreste mit den Fingern abreiben.

[c] UM DEN BRATENSATZ zu lösen, heißes Wasser nach und nach in den Bräter gießen und den Bratensatz am Topfboden mit einem Löffel losrühren.

LAMMKEULE
mit Rosmarinkruste

DAMIT DAS LAMMFLEISCH BESONDERS WÜRZIG SCHMECKT, WIRD ES ÜBER NACHT MARINIERT. DANN GEHT DIE ZUBEREITUNG AM NÄCHSTEN TAG GANZ STRESSFREI.

Zutaten für 6 Portionen

- 1 Lammkeule mit Knochen (ca. 1,5 kg, evtl. den Knochen vom Metzger kürzen lassen)
- 2–3 Zweige Rosmarin
- 2 Knoblauchzehen
- Salz, Pfeffer aus der Mühle
- 2 EL scharfer Senf
- 2 Zwiebeln
- 2 Möhren
- 1 Stange Lauch
- 3 Stangen Staudensellerie
- 1 EL Öl
- ¼ l Rotwein
- 200 g Crème fraîche

besonderes Werkzeug

- Mörser mit Stößel
- großer ofenfester Bräter

Zeitbedarf

- 45 Minuten + mind. 12 Stunden marinieren + 1 Stunde 45 Minuten garen

So geht's

1. Am Vortag die Lammkeule putzen und die Fettschicht bis auf einen Rest abschneiden [→ a]. Das Fleisch mit Küchenpapier trocken tupfen. Den Rosmarin waschen und trocken schütteln. Die Nadeln abzupfen und hacken. Den Knoblauch schälen, grob zerschneiden und mit etwa 1 TL Salz im Mörser zerstampfen. Mit Pfeffer und Senf vermischen. Die Lammkeule mit dieser Paste rundum einreiben und mit Rosmarin bestreuen. Die Lammkeule in Frischhaltefolie wickeln und über Nacht im Kühlschrank ruhen lassen.
2. Am nächsten Tag die Zwiebeln und die Möhren schälen. Lauch und Sellerie waschen und putzen [→ b]. Alle Gemüse in bleistiftdicke Streifen schneiden.
3. Den Backofen auf 200 °C (Umluft 180 °C) vorheizen. Das Öl im Bräter auf dem Herd erhitzen. Die Zwiebel- und Gemüsestreifen bei mittlerer Hitze etwas anbraten, ohne dass sie bräunen. Die Lammkeule aus der Folie nehmen und auf das Gemüse setzen. Die Hälfte vom Rotwein angießen. Den Bräter offen in den Ofen schieben und die Keule etwa 30 Minuten braten. Danach das Fleisch vorsichtig wenden und den restlichen Rotwein angießen. Die Lammkeule offen weitere 45 Minuten bis 1 Stunde garen.
4. Nach der Garzeit den Ofen ausschalten, den Braten auf eine hitzefeste Servierplatte legen und im leicht geöffneten Ofen warm halten. Den Bratensatz zuerst mit etwas Wasser ablöschen und unter Rühren lösen [→ c], dann knapp ½ l Wasser zugeben und etwas einkochen. Durch ein Sieb streichen. Das Fett an der Oberfläche mit einem Löffel abschöpfen. Die Crème fraîche in die Sauce rühren und alles nochmals aufkochen, mit Salz und Pfeffer abschmecken. Die Sauce extra zur Lammkeule servieren.

DAS SCHMECKT DAZU **Als Beilage zur Lammkeule passen grüne Bohnen, in Salzwasser bissfest gekocht und dann mit etwas frischem Bohnenkraut in Butter geschwenkt.**

MÄDESÜSS-CREME
mit Zuckerkruste

DIE EIGELB-SAHNE-CREME WIRD MIT HONIGDUFTENDEN BLÜTEN GEWÜRZT UND MIT BRAUNEM ZUCKER ÜBERKRUSTET.

Zutaten für 4 Portionen

- 5 Mädesüß-Blütenstände
- 350 g Sahne
- ⅛ l Milch
- 5 Eigelb (Größe L)
- 50 g Zucker
- Fett für die Förmchen
- 4 EL brauner Rohrzucker

besonderes Werkzeug
- 4 ofenfeste Gratinierförmchen (à 175 ml)

Zeitbedarf
- 1 Stunde + 7 Stunden kühlen

So geht's

1. Die Mädesüßblüten gut ausschütteln. Die Sahne und die Milch in einen Topf geben, die Blüten dazugeben und alles bis kurz unter den Siedepunkt erhitzen, wieder abkühlen lassen.
2. Die Eigelbe in einer Schüssel mit dem Schneebesen cremig aufschlagen, dabei nach und nach den Zucker einrieseln lassen. Die Sahnemischung durch ein Sieb dazugießen und gut unterquirlen. Den Backofen auf 150 °C (Umluft 140 °C) vorheizen.
3. Die Förmchen fetten und die Eiermasse einfüllen. Die Förmchen in ein tiefes Backblech stellen, seitlich heißes Wasser angießen und die Creme im Ofen 25–30 Minuten garen, bis sie gebunden, aber noch nicht ganz fest ist. Die Creme abkühlen lassen, dann 6 Stunden in den Kühlschrank stellen.
4. Mindestens 1 Stunde vorm Servieren den Backofengrill anheizen. Die Cremes mit braunem Zucker bestreuen und unter dem Grill in 3–5 Minuten nussbraun karamellisieren. Abkühlen lassen und wiederum kühl stellen.

Mit einem leicht gekühlten süßen Dessertwein servieren.

SO SCHMECKT'S AUCH **Die Creme lässt sich auch mit Blättern von Duftpelargonien oder Duftrosen aromatisieren. Oder versuchen Sie einmal Blüten von Gewürztagetes.**

PANNA COTTA
mit Gewürztagetes

HERBFRISCHE, NACH MANDARINEN SCHMECKENDE BLÜTEN GEBEN DEM KLASSISCHEN ITALIENISCHEN DESSERT EINE GANZ NEUE NOTE.

Zutaten für 4 Portionen

- 4 Stängel Gewürztagetes
- 250 g Sahne
- 4 Blatt weiße Gelatine
- 125 g Himbeeren
- 3 EL Zucker
- 8 große reife Erdbeeren
- 2 EL Amaretto (Mandellikör)
- Gewürztagetesblüten zum Garnieren

besonderes Werkzeug

- 4 kleine Förmchen (à 125 ml)
- Pürierstab

Zeitbedarf

- 45 Minuten + 5 Stunden kühlen

So geht's

1. Die Förmchen in den Kühlschrank stellen. Die Gewürztagetes waschen, gut trocken schütteln und mit der Sahne in einen Topf geben. Erhitzen und bei schwacher Hitze etwa 10 Minuten ziehen lassen. Die Gelatine in kaltem Wasser einweichen.
2. Die Himbeeren in stehendem Wasser kurz waschen, abtropfen lassen und mit 1 EL Zucker pürieren. Die Gelatineblätter ausdrücken und in einem Töpfchen mit 4 EL Wasser bei schwacher Hitze auflösen. Gut 1 EL von dieser Mischung unter das Himbeerpüree rühren, auf die kalten Förmchen verteilen und in den Kühlschrank stellen.
3. Die Gewürztagetes aus der Sahne nehmen, die übrige Gelatine und die restlichen 2 EL Zucker in der Sahne auflösen, dann den Topf in kaltes Wasser stellen. Wenn das Himbeerpüree in den Förmchen fest geworden ist, die aromatisierte Sahne darübergießen und die Panna cotta abgedeckt in etwa 4 Stunden im Kühlschrank fest werden lassen.
4. Vorm Servieren die Erdbeeren kurz waschen, abtropfen lassen und das Grün entfernen. Die Beeren in Scheiben schneiden und mit dem Amaretto vorsichtig vermischen. Die Förmchen kurz in heißes Wasser halten, den Rand mit einem spitzen Messer lösen und die Panna cotta auf Teller stürzen. Mit marinierten Erdbeeren und Gewürztagetesblüten garnieren.

RHABARBER-TERRINE
mit Waldmeisterschaum

EIN AUFWENDIGES, ABER LEICHTES DESSERT AUS EINER FRUCHTIGEN SÜLZE UND EINEM SEHR AROMATISCHEN EIERSCHAUM.

Zutaten für 4 Portionen

- 500 g Rhabarber (möglichst rotschaliger)
- 200 g Zucker
- 1 Bio-Zitrone
- 3 Stängel Zitronenmelisse
- 6 Blatt weiße Gelatine
- 150 ml roter Traubensaft
- 1 Handvoll Waldmeister
- 75 ml milder Weißwein (ersatzweise Apfelsaft)
- 4 ganz frische Eigelb (Größe M)

besonderes Werkzeug
- 1 kleine Kastenform (ca. 700 ml)

Zeitbedarf
- 1 Stunde + 5 Stunden kühlen

So geht's

1. Die Kastenform kalt stellen. Den Rhabarber waschen und die Schalen abziehen [→ a]. Den Rhabarber in 1 cm lange Stücke schneiden, in einem Topf mit 150 g Zucker bestreuen und etwas Saft ziehen lassen. Die Zitrone waschen, abtrocknen und etwa 1 TL Schale abreiben, den Saft auspressen und 1 EL Saft zum Rhabarber geben. Die Zitronenmelisse waschen, trocken schütteln, ein paar Spitzen zum Garnieren beiseitelegen, die übrigen Blättchen abzupfen und in Streifen schneiden. Die Gelatine in kaltem Wasser einweichen.
2. Den Traubensaft zu den Rhabarberstücken gießen, aufkochen und 5–10 Minuten bei schwacher Hitze kochen lassen, bis die Rhabarberstücke weich sind. Den Topf vom Herd nehmen. Die Gelatine ausdrücken und in der heißen Rhabarbermischung unter Rühren auflösen. Die klein geschnittene Zitronenmelisse unterrühren und die Mischung abkühlen lassen. In die kalte Form füllen und mindestens 5 Stunden im Kühlschrank erstarren lassen.
3. Den Waldmeister verlesen, lauwarm waschen und gut trocken schütteln. Ein paar Spitzen abzupfen und in feuchtes Küchenpapier packen. Die restlichen Zweige 1–2 Stunden antrocknen lassen.
4. Den Waldmeister im Wein etwa 20 Minuten ziehen lassen, dann durch ein Sieb gießen. Die Kastenform kurz in heißes Wasser halten, die Terrine stürzen und mit einem in heißes Wasser getauchten scharfen Messer in Scheiben schneiden. Auf Desserttellern anrichten. Einen Topf halb mit Wasser füllen und erhitzen. Die Eigelbe mit den restlichen 50 g Zucker und der abgeriebenen Zitronenschale in eine Metallschüssel oder einen kleinen Topf geben.
5. Die Schüssel oder den Topf über das leise siedende Wasser setzen und die Eigelbmischung mit dem Schneebesen weißschaumig aufschlagen [→ b]. Den Waldmeisterwein zuträufeln, dabei ständig weiterschlagen, bis die Creme dickschaumig wird und bindet. Den warmen Schaum sofort um die Terrinenscheiben gießen. Mit den Kräuterspitzen garnieren, rasch servieren.

[a]

DAS IST *wirklich* WICHTIG

[a] VON RHABARBERSTANGEN erst die Enden abschneiden, dann die Schalen an den Enden mit schräg angesetztem Messer fassen und abziehen. Wenn dann noch derbe Fasern zu sehen sind, mit einem Sparschäler abschälen.

[b] DIE EIERMISCHUNG für die Waldmeistercreme darf nicht zu heiß werden, sonst gerinnt sie zu Rührei. Ständig mit dem Schneebesen schlagen und das Wasserbad nur leise sieden lassen. Die Creme ist perfekt, wenn sie gerade so gebunden ist, dass sie langsam vom Schneebesen tropft. Die Schüssel oder den Topf eventuell kurz in kaltes Wasser halten, damit die Creme nicht weitergart.

REGISTER

N/O

P

Q

R

S

ADRESSE

Mehr zum Pfefferminzmuseum in Eichenau, das auf S. 127 vorgestellt wird, finden Sie im Internet unter www.minzmuseum.de.

AKTEURE

Reinhardt Hess ist an der Hessischen Bergstraße aufgewachsen, rührte schon als kleiner Junge in den Kochtöpfen seiner Großmutter und liebte ihre Frankfurter Grüne Sauce mit Kräutern aus dem eigenen Garten. Nach dem Ökologiestudium machte er sein Hobby zum Beruf und wurde in München Journalist für Essen und Wein. Anschließend arbeitete er als Redaktionsleiter in Koch- und Naturbuchverlagen, bis er sich schließlich selbstständig machte. Inzwischen hat er über 50 Koch- und Weinbücher geschrieben, viele davon wurden übersetzt und etliche mit Medaillen ausgezeichnet. Am liebsten kocht er mit viel frischem Grün und natürlich mit würzigen Wildkräutern.

Alexander Walter ist seit 20 Jahren selbständiger Fotograf. Im Auftrag renommierter Verlage und internationaler Agenturen arbeitet er vor allem in den Bereichen People, Still Life und Reportage. Der leidenschaftliche Gourmet und Hobbykoch war bei über 40 Fach- und Kochbüchern für die optische Umsetzung der Konzepte verantwortlich. Mit seiner Frau und seinen drei Kindern lebt und arbeitet er mitten im Grünen, im schönsten bayerischen Oberland.

Michael Pannewitz setzt seit 10 Jahren als Foodstylist Gerichte verführerisch in Szene. Zuvor hat er nicht nur eine Ausbildung als Fotograf absolviert, sondern auch 16 Jahre lang in prämierten Restaurants als Koch seine Gäste verwöhnt. Unterstützt wird Michael Pannewitz von **Simon Phillip Kresse**. Nach 15 Jahren als Koch in Hotels und Restaurants in ganz Europa spezialisiert er sich nun auf das Thema Foodstyling.

Natascha Sanwald ist für Ausstattung und Requisite verantwortlich. Seit vielen Jahren arbeitet sie als Stylistin für Wohn- und Einrichtungsmagazine.

Der Verlag dankt folgenden Unternehmen für die Unterstützung dieses Buchprojekts:

· Neff, www.neff.de
· Kustermann, München, www.kustermann.de
· 1260GRAD, München, www.1260grad.de
· Kochgut, München, www.kochgut-muenchen.de
· Landpartie, Kristina Stöckel by Landpartie, München
· Radspieler, München, www.radspieler.de

IMPRESSUM

Mit 107 Farbfotos von Alexander Walter

Umschlaggestaltung von Gramisci Editorialdesign, München, unter Verwendung eines Fotos von Alexander Walter

Rezepte, Geling-Tipps, Infos zum KOSMOS-Kochbuch-Programm und vieles mehr unter **www.kosmos.de/gut-gekocht**

Unser gesamtes lieferbares Programm und viele weitere Informationen zu unseren Büchern, Spielen, Experimentierkästen, DVDs, Autoren und Aktivitäten finden Sie unter **www.kosmos.de**

Gedruckt auf chlorfrei gebleichtem Papier

ISBN 978-3-440-12590-8

Redaktion und Projektleitung: Claudia Salata
Lektorat: Katharina Lisson, München
Gestaltungskonzept und Layout: Gramisci Editorialdesign, München
Satz: Atelier Krohmer, Dettingen/Erms
Produktion: Eva Schmidt
Printed in Germany / Imprimé en Allemagne

FSC www.fsc.org
MIX
Papier aus verantwortungsvollen Quellen
FSC® C004592